날로먹는 漢字

원종호 지음 · 김복태 그림

| 추천사 |

쉽고 재미있는 漢字 학습서

　우리는 漢字를 학습하기 전에 먼저 왜 漢字를 배워야 하는지를 분명히 아는 것이 매우 중요하다.

　왜냐하면 지금 미국에서도 약 2400개 학교에서 漢字를 배우고 있는데, 그것은 중국을 알기 위함이고, 중국어를 배우기 위함이고, 따라서 부득이 漢字를 학습하지 않을 수 없는 것이다.

　그러나 한국에서 漢字를 배우는 것은 중국어 학습은 차후 문제이다. 우리는 일차적으로 우리말의 70% 이상의 어휘가 漢字로 되어 있기 때문에 우선 국어를 올바로 알고 말하기 위하여 漢字를 배워야 한다.

　우리말의 어휘는 고유어와 漢字語로 되어 있기 때문에 '하늘·땅·먹다' 등 고유어만이 우리말이 아니라, '사기·부친·국가' 등 漢字語도 분명히 우리말이다. 왜냐하면 '國家'를 '국가'라고 발음하고 '나라'라는 뜻으로 서로 소통하는 나라는 한자 문화권에서도 우리나라뿐이다. 그러므로 '국가(國家)'도 우리말이다.

　고유어는 한글만으로 해결할 수 있지만, 漢字語인 '사기'는 한글로

썼을 때 그 의미를 알 수 없다. 왜냐하면 '사기'의 동음이의어가 국어사전에 20여 가지가 있으니 한글로는 해결할 수 없다. 다시 말해서 한자로 '史記 · 士氣 · 砂器 · 詐欺…' 등으로 써 놓아야 그 뜻을 구별해서 알 수 있다.

그러므로 우리말의 문자 활동은 반드시 한글과 漢字를 함께 써야 완벽한 국어 생활을 할 수 있다.

따라서 우리나라에서는 한글만이 國字가 아니라, 漢字도 國字라는 올바른 인식을 해야 한다. 이렇게 인식이 될 때 왜 漢字를 배워야 되는가를 스스로 깨닫고 스스로 배우게 될 것이다.

《날로 먹는 漢字》는 우리말 곧 國字로서 漢字를 배울 수 있도록 저자가 오랫동안 심혈을 기울여 연구한 생활의 학습서이다.

이 책의 두드러진 특징은 학습자가 우선 수불석권(手不釋卷)의 재미를 가지고 익힐 수 있도록 매 글자마다 그림으로써 풀이한 것이다.

또한 이 책은 오늘날 시중에 쏟아져 나오는 제멋대로의 불확실한 자원풀이를 피하고, 우선 학습자가 재미있게 빨리 익힐 수 있도록 저자 자신의 예리한 감각으로 풀이하였다.

학습자들을 위하여 저자가 공학도로서 일반적인 한자 학습서와 달리 흥미 위주로 제작했다고 밝힌 솔직함의 겸허함이 매우 마음에 들어 독자들에게 일독을 추천하는 바이다.

陳 泰 夏

인제대학교 석좌교수
전국한자교육추진총연합회 이사장

| 머리말 |

　사실 나는 대학에서 건축학을 전공하였고, 자원학(字源學)을 비롯하여 한자 공부와는 거리가 먼 사람입니다. 학창 시절도 한글 전용 세대였기 때문에 한자를 체계적으로 제대로 배우지를 못하였습니다. 기껏해야 손으로 무작정 한자를 쓰면서 공부한 것이 전부입니다.
　그런데 회사 일로 가족과 함께 해외에서 10년 이상 근무하다 보니 아이들이 학교에서 영어로 공부를 하지만 우리말을 배울 기회가 적어서 고민이 되었습니다. 특히 한자로 이루어진 우리말을 어려워하였습니다. 아이들이 한자를 익힐 책을 찾다가 목마른 사람이 우물을 판다고, 결국 내가 다시 한자 공부를 하면서 직접 아이들에게 한자를 가르치기 시작하였습니다. 그 과정에서 나름대로 한자 공부 방법을 정리한 것이 이 책입니다.

　한자는 어떤 의미에서는 상형문자라기보다 반쪽짜리 소리글자라고 생각하면 됩니다.
　처음에는 모양을 형상화한 상형(象形)문자들을 만들었지만, 사회가 발전하면서 다양한 어휘가 폭발적으로 늘어나자 뜻을 나타내는 부분과 음을 나타내는 부분을 조합하여 형성(形聲)문자를 만들어 쓰게 되었습니다. 현재 사용하는 한자의 70% 이상이 형성문자에 해당됩니다.
　한자의 대부분을 차지하는 형성문자는 음이 같거나 비슷한 글자들끼리 함께 묶어 놓고, 그 글자들끼리 비교하면서 공부하면 한자의 음을 쉽게 읽을 수 있는 이점이 있습니다. 사람의 두뇌는 비슷한 음들을 유추할 수 있는 수평적 사고 능력을 가지고 있기 때문입니다. 다만 이 책에서는 사람의 뇌가 별 무리 없이 유추할 수 있는 음의 범위를 '초성, 모음, 받침'에서 하나만 바뀐 경우로 한정하였습니다.

이 책은 한자를 모르는 어린이들을 대상으로 한 것이 아닙니다. 오히려 한자를 단편적으로나마 어느 정도 알고 있는 청소년 이상의 학생이나 성인들이 한자를 쉽게 공부할 수 있도록 만든 책입니다.

한자를 전혀 모르는 어린이들은 만화를 이용한 한자 책을 통해 한자에 흥미를 가지게 하는 것이 더 바람직할 것입니다. 그러나 수준이 올라가면 비슷비슷한 한자들이 나오기 때문에 그 글자들을 눈으로만 외우기는 힘들어지므로 보다 체계적인 학습 방법이 좋습니다.

끝으로 이 책을 만드는 데 많은 조언을 해 준 아내와 두 딸에게 고마움을 전합니다. 또한 쉽고 재미있는 한자 공부에 도움 되는 그림들을 그려 주신 김복태 선생님과 에디터출판사에 깊은 감사를 드립니다.

원종호

| 이 책의 구성과 특징 |

산의 정상에 오르는 방법은 다양합니다

　산의 정상에 오를 때 어떤 사람은 산길을 이용하여 힘들게 오르고, 어떤 사람은 케이블카를 타고 쉽게 오릅니다.

　여러분이 오르고자 하는 산의 정상, 즉 목적이 한자의 학문적인 연구라면 이 책은 적절하지 않습니다. 이 책은 한자를 학문적으로 서술한 책이 아니기 때문입니다.

　그러나 여러분이 오르고자 하는 산의 정상, 즉 목적이 한자를 쉽게 기억하고 실생활에 적용하는 것이라면 바로 이 책이야말로 여러분이 찾던 책입니다.

　이 책에서는 한자의 학문적인 면을 강조하기보다는 한자를 쉽게 기억할 수 있도록 하는 데 우선을 두었습니다.

　한 예로, 다음 한자들은 음이 같거나 비슷한 경우입니다.

　검(劍), 검(檢), 검(儉), 험(險), 험(驗)

　그러나 음을 나타내는 부분인 僉(첨)은 상용한자가 아니며, 현대에는 쓰이는 단어도 없는 한자입니다. 그러므로 이 책에서는 한자 僉(첨)을 별도로 서술하지 않고, 그 대신 僉의 음을 '검'으로 가정하였습니다.

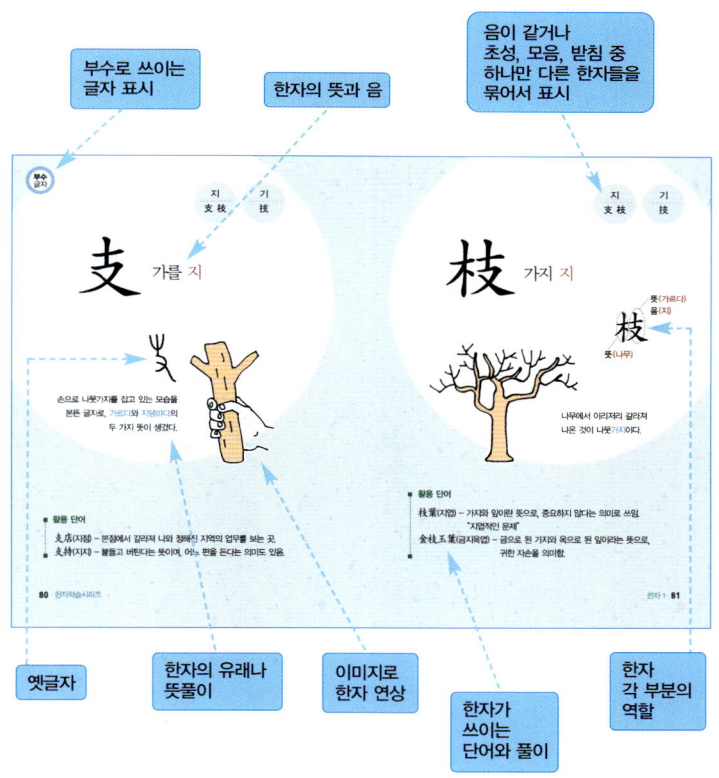

이 책에 수록된 한자 중 일부 글자의 자원(字源) 풀이는 학술적으로 인정된 것이 아님을 밝혀 둡니다. 한자를 배우려는 독자들로 하여금 쉽고 재미있게 익히도록 하는 데 중점을 두었기에 어떤 글자는 본래의 자원과는 다르게 유머러스하게 풀이하였습니다. 그러므로 한자를 익히는 데 참고로 하되 학설로는 받아들이지 않기를 바랍니다.

 아름다울 미

아름답게 치장하고 멋을 낸 사람의 모습을 본뜬 글자이다.

■ 활용 단어

美女(미녀) - 얼굴과 몸매가 아름다운 여자.
美觀(미관) - 아름다워서 볼 만한 광경.

입 모양을 본뜬 글자로,
입이라는 뜻 외에 말하다,
구멍이라는 뜻도 있다.

■ 활용 단어

口味(구미) – 입맛.
口號(구호) – 어떤 요구를 나타내는 짧은 말.
入口(입구) – 들어가는 곳.

토
土 tǔ

土 흙토, 땅토

흙더미를 본뜬 글자로,
흙 또는 땅의 뜻으로 쓰인다.

■ **활용 단어**

- 黃土(황토) – 누런 흙.
- 領土(영토) – 한 나라의 통치권이 미치는 땅.

토
土 吐

吐 토할 토

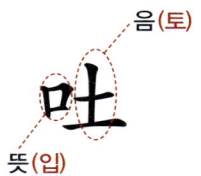

음(토)
뜻(입)

입으로 토하다.
吐 자에는 속에 있는 것을
밖으로 내어놓는다는 의미에서
무언가를 털어놓다는
뜻도 있다.

■ 활용 단어

嘔吐(구토) – 먹은 것을 토함.
實吐(실토) – 숨기고 있는 것을 사실대로 말함.

品 물건 품

물건이 든 상자가
쌓여 있는 모습을 연상하라.
品 자에는 사람의 품성과
인격을 가리키는 품격이라는
뜻도 있다.

■ 활용 단어

商品(상품) - 사고파는 물건
品格(품격) - 사람의 품성과 인격.

걸어가고 있는 사람의
옆모습을 본뜬 글자이다.
人 자는 부수로 많이 쓰이는데,
부수로 쓰일 때는 주로
亻으로 쓰인다.

■ 활용 단어

人間(인간) – 사람.
人生(인생) – 사람이 세상을 살아가는 일.

의

衣 依

衣 옷 의

옷 중에서 저고리를 본뜬 글자이다.
衣 자가 부수로 쓰일 때는 주로
衤로 쓰이며, 저고리뿐만 아니라
모든 옷을 뜻한다.

■ **활용 단어**

衣服(의복) – 옷
衣類(의류) – 여러 종류의 옷.

의

衣 依

依 의지할 의

뜻(옷)
음(의)
依
뜻(사람)

사람은 추위를 막기 위해
옷에 의지한다.

■ **활용 단어**

依支(의지) – 다른 것에 몸을 기대어 도움을 받음.
依存(의존) – 다른 것에 의지하여 존재함.

山 뫼 산

세 봉우리의 산을 본뜬
글자이다.

■ **활용 단어**

登山(등산) – 산을 오름.
山脈(산맥) – 여러 산들이 길게 이어져 줄기를 이루고 있는 지역.

산	선
山	仙

仙 신선 선

뜻(산)
음(산→선)

뜻(사람)

산에 살면서 도를 닦는 사람이 신선이다.

■ 활용 단어

神仙(신선) – 속세를 떠나서 도를 닦아서 신통한 능력을 가진 상상의 사람.
仙境(선경) – 신선이 산다는 곳.

호

虎 號

虎 범 호

옛 글자를 보면
큰 입(C)의 아래 위로
이빨이 사납게 난
모습을 알 수 있다.

■ 활용 단어

猛虎(맹호) – 몹시 사나운 호랑이.
虎皮(호피) – 호랑이의 털가죽.

호
虎 號

號 부르짖을 호

뜻(입) 뜻(범)
　　음(호)

호랑이가 입을 크게 벌리고 "어흥" 하며 부르짖다. 號 자는 번호, 부호라는 뜻도 있다.

■ 활용 단어

號令(호령) – 큰 소리로 하는 명령.
號外(호외) – 특별한 일이 있을 때에 임시로 발행하는 신문이나 잡지.
符號(부호) – 어떤 뜻을 나타내기 위하여 쓰는 기호.

 돌 회

물결이 소용돌이치며 도는 모습을 본뜬 글자이다. 回 자는 돌아오다는 뜻과 여러 번 돌고 돈다는 의미에서 횟수라는 뜻도 있다.

활용 단어

回轉(회전) – 어떤 것을 중심으로 돎.
回復(회복) – 원래의 상태로 돌아옴.
每回(매회) – 매번.

굽이굽이 흐르는 냇물을 본뜬 글자이다. 水 자는 부수로 많이 쓰이는데, 부수로 쓰일 때는 氵로 쓰인다.

■ 활용 단어

水泳(수영) - 물에서 헤엄치는 일.
食水(식수) - 마실 물.

어
魚 漁

魚 물고기 어

물고기 모습을 본뜬 글자이다.

■ **활용 단어**

魚類(어류) – 여러 종류의 물고기.
養魚場(양어장) – 물고기를 기르는 곳.

어
魚 漁

漁 고기잡을 어

뜻(물고기)
음(어)
漁
뜻(물)

물에서 물고기를 잡다.

- **활용 단어**

  漁夫(어부) – 물고기 잡는 일을 직업으로 하는 사람.
  漁船(어선) – 고기잡이를 하는 배.

자식들과 어울려
놓고 있는 아버지의
모습을 연상하라.

■ **활용 단어**

父親(부친) – 아버지를 높여서 부르는 말.
父母(부모) – 아버지와 어머니.

犬 개 견

개의 옆모습을 본떴다.
犬 자가 부수로 쓰일 때는
犭으로 쓰며, 개를 포함하여
짐승이란 뜻으로
해석된다.

■ 활용 단어

忠犬(충견) - 주인에게 충성하는 개.
軍犬(군견) - 군사적 목적으로 훈련을 받은 개.

王

임금 왕

하늘 아래 두 팔을 벌리고 늠름하게 서 있는 임금의 모습을 본뜬 글자이다.

■ **활용 단어**

王國(왕국) – 임금이 다스리는 나라.
王冠(왕관) – 임금이 머리에 쓰는 관.

왕	광	황
王	狂	皇

狂 미칠 광

음(왕→광)

뜻(개)

개가 미치다.

- **활용 단어**

狂犬病(광견병) – 미친개에게서 볼 수 있는 병.
狂信徒(광신도) – 맹목적으로 종교를 미친 듯이 믿는 사람.

皇 임금 황

모양
음(왕→황)

白 모양의
관을 쓴 임금.

■ **활용 단어**

皇帝(황제) – 임금.
皇后(황후) – 황제의 부인.

부수 코너

攵 칠 복

부수로 쓰일 경우, 치다는 뜻으로 해석한다.
攴도 같은 의미로 쓰인다.

사용 예 : 攻(칠 공)

부수 글자

패

貝 敗

貝 조개 패

살을 껍질 밖으로 내밀고 있는 조개의 모습을 본뜬 글자이다. 貝 자가 부수로 쓰일 때는 재물과 관련된 의미를 지닌다. 옛날에는 조개가 화폐로 사용되었기 때문이다.

■ **활용 단어**

- 魚貝類(어패류) – 생선과 조개 종류를 함께 이르는 말.
- 貝塚(패총) – 석기시대에 조개를 까 먹고 버린 껍질이 무덤처럼 쌓여 있는 곳.

패

貝 敗

敗 패할 패

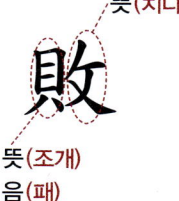

뜻(치다)
뜻(조개)
음(패)

조개를 쳐서 깨트렸으니
조개가 패한 거지.

■ **활용 단어**

敗北(패배) – 싸워서 짐.
惜敗(석패) – 아깝게 짐.

조	도
鳥	島

鳥 새 조

새의 모양을 본뜬 글자이다.

■ 활용 단어

白鳥(백조) – 오리와 비슷하나 몸집은 훨씬 더 크고 온몸은 순백색인 새.
不死鳥(불사조) – 영원토록 죽지 않는다는 전설에 나오는 새.

조	도
鳥	島

島 섬 도

- 뜻(새)
- 음(조→도)
- 뜻(산)

새들이 바다의 산인
섬에 모여 산다.

■ 활용 단어

獨島(독도) – 경상북도 울릉군에 속하는 동해의 화산섬.
半島(반도) – 대륙에서 바다 쪽으로 좁다랗게 돌출한 육지.

오
烏 鳴

烏 까마귀 오

음과 뜻이 鳥(조)에서 비롯되었다. 烏 자는 鳥 자에서 한 획이 줄었다. 까마귀의 몸이 검기 때문에 멀리서 보면 눈이 잘 구별되지 않으므로 鳥 자에서 눈에 해당하는 한 획이 줄었다고 생각하라. 烏 자에는 검다는 뜻도 있다.

■ **활용 단어**

烏合之卒(오합지졸) – 까마귀들이 모인 것처럼 무질서하게 모인 병졸.
烏竹(오죽) – 검은색의 대나무.

오

烏 鳴

嗚 탄식할 오

뜻(까마귀)
음(오)
嗚
뜻(입)

까마귀가 입으로 우는 모습에서
탄식하다는 뜻을 연상하라.

■ **활용 단어**

嗚咽(오열) - 목이 메도록 우는 것.

鳴 울 명

뜻(입)
鳴
뜻(새)

새가 입으로 울다.

■ 활용 단어

悲鳴(비명) – 슬퍼서 우는 것.
　　　　　일이 매우 위급하거나 몹시 두려움을 느낄 때 지르는 외마디 소리.
自鳴鐘(자명종) – 정하여 놓은 시각에 저절로 소리가 나도록 장치가 된 시계.

斗 말 두

원래 손잡이가 달려 있는 국자처럼 생긴 기구를 본뜬 글자였으나 나중에는 왼쪽 그림처럼 생긴 말을 의미하게 되었다.

■ **활용 단어**

北斗七星(북두칠성) – 북쪽 하늘에 국자 모양으로 생긴 일곱 개의 별.

화	과
禾 和	科

禾 벼 화

고개 숙인 벼를 본뜬 글자이다.
禾 자가 부수로 쓰일 때는
넓은 의미로 곡식을 뜻한다.

■ **활용 단어**

禾穀(화곡) – 볏과에 딸린 곡식을 통틀어 이르는 말.

和 화합할 화

뜻(입)
음(화)

서로 입을 맞춰 노래하며 화합하다.
和 자는 화목하다는 뜻도
지니고 있다.

■ 활용 단어

和音(화음) – 높이가 다른 음들이 함께 어울리는 소리.
和睦(화목) – 서로 뜻이 맞아 정답게 잘 지냄.

科 조목 과

말에 담아서 조목조목 분류하다.
科 자는 과거시험의
뜻도 있다.

- **활용 단어**

  科目(과목) – 가르쳐야 할 내용을 체계적으로 나눈 것.
  科擧(과거) – 옛날에 관리를 뽑기 위해 시행하던 시험.

巾 수건 건

기다란 장대 위에 수건이 걸려 있는
모양을 본뜬 글자이다.
巾 자가 부수로 쓰일 때는
대개 천이라는 뜻을 지닌다.

■ **활용 단어**

手巾(수건) – 몸을 닦을 때 쓰는 천 조각.
頭巾(두건) – 머리에 쓰는, 천으로 만든 모자.

식

食 飾

食 밥 식

밥이 가득 담긴 그릇의 뚜껑을
연 모습을 본뜬 글자이다.
食 자가 부수로 쓰일 때는
飠으로 쓰며, 먹는 것과
관련된 단어에 사용된다.

▪ 활용 단어

飮食(음식) – 마시고 먹는 것.
食事(식사) – 끼니로 음식을 먹음.

식

食 飾

飾 꾸밀 식

사람이 천으로 예쁘게 꾸미다.
글자 오른쪽의 ⺊은 '사람 인(人)'이
변형된 모양이다.

■ **활용 단어**

裝飾(장식) – 아름답게 치장함.
假飾(가식) – 말이나 행동 따위를 거짓으로 꾸밈.
　　　　　"가식적인 행동을 하지 마라"

羊 양 양

뿔과 수염이 달린 양의 얼굴을 정면에서 바라본 모습을 본뜬 글자이다.

■ **활용 단어**

山羊(산양) – 산에서 사는 염소 비슷한 짐승.
羊頭狗肉(양두구육) – 양의 머리를 내걸고 사실은 개고기를 판다는 뜻으로, 겉은 번지르르하지만 속은 변변하지 못함을 이르는 말.

양

羊 洋 養

洋 큰바다 양

음(양)
洋
뜻(물)

메에~
나는
바다의
신이다

물이 모여 큰바다를 이룬다.
신화 속에 나오는 바다의 신이 그림과 같이
양의 모습을 하고 있다고 연상하라.
洋 자는 바다 건너에 있는
서양이라는 뜻으로도 쓰인다.

▪ 활용 단어

海洋(해양) – 넓고 큰 바다.
洋服(양복) – 서양식의 옷.

양

羊 洋 養

기를 양

뜻(양)
음(양)

뜻(먹을 것)

먹을 것을 주어 양을 기르다.
養 자는 어른을 봉양하다는
뜻으로도 쓰인다.

■ 활용 단어

養育(양육) - 아이를 보살펴서 기름.
養老院(양로원) - 노인을 봉양하는 시설.

나무 목

나무 모양을 본뜬 글자이다.

■ **활용 단어**

木材(목재) – 나무로 된 재료.
樹木(수목) – 살아 있는 나무.

죽	축
竹	築

竹 대나무 죽

仆

대나무 모양을 본뜬 글자이다. 竹 자가 부수로 쓰일 때는 주로 대나무를 의미하지만 간혹 문서와 관련된 의미를 지니기도 한다. 아주 옛날에는 대나무에 글을 적었다.

■ 활용 단어

竹筍(죽순) – 대나무의 어린 싹.
竹槍(죽창) – 대나무로 만든 창.

죽	축
竹	築

築 쌓을 축

음(죽→축)
뜻(나무)

나무를 쌓아 짓다.

■ 활용 단어

建築(건축) – 건물을 세우거나 쌓아 만드는 일.
築臺(축대) – 쌓아올린 벽 위에 만든 터.

女 계집 녀

다소곳이 무릎을 꿇고
앉아 있는 여자의 옆모습을
본뜬 글자이다.
女 자에는 딸이라는
뜻도 있다.

■ **활용 단어**

女子(여자) – 여성인 사람.
長女(장녀) – 맏딸.

녀	여
女	汝

汝 물이름 여

뜻 (여자)
음 (녀 → 여)
뜻 (물)

이 지방 여인들이 예뻐서 강 이름을 여강이라 하지요

옛날 중국 어느 지역에 강이 흐르고 있었는데 그곳에 미인이 많다 하여 '여강(汝江)'이라 하였기에 汝 자의 뜻이 물이름이 되었다. 汝 자에는 너(you)라는 뜻도 있다.

■ **활용 단어**

汝矣島(여의도) – 한강 가운데 있는 섬.

兒 아이 아

兒 자의 아랫부분 儿은 사람의 다리를
뜻하고, 윗부분 臼는 머리가 굳기 전
숨구멍이 열려 있는 어린아이의
머리를 본뜬 것이다.
兒 자는 젊은 남자의 애칭으로
쓰이기도 한다.

활용 단어

兒童(아동) – 어린이.
健兒(건아) – 건강하고 씩씩한 사나이.

부수 코너

 집 면

집의 지붕을 본뜬 부수이다.
속칭으로는 갓머리라고도 한다.

사용 예 : 室(방 실)

자
子 字

子 아들 자

아기가 포대기에 싸여 두 팔을 벌리고
있는 모습을 본뜬 글자이다.
子 자는 아들, 사람, 씨라는
뜻으로 쓰인다.
子 자가 부수로 쓰일 때는 주로
자식이라는 뜻을 지닌다.

- **활용 단어**

  子孫(자손) – 아들과 손자.
  女子(여자) – 여성인 사람.
  種子(종자) – 식물의 씨.

> 자
> 子 字

 글자 자

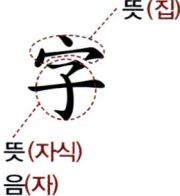
뜻(집)
뜻(자식)
음(자)

집에서 자식에게
글자를 가르치다.

■ 활용 단어

文字(문자) – 인간이 의사소통을 위해 만든 기호 체계.
漢字(한자) – 중국에서 쓰고 있는 문자.

好 좋을 호

뜻(여자)
好
뜻(자식)

여자인 엄마가
자식을 좋아하다.

- **활용 단어**

  好意(호의) – 좋은 마음씨.
  好感(호감) – 좋은 감정.

부수 코너

쉬엄쉬엄 갈 착

길을 걷고 있는 사람의 모습을
본떴으며, 부수로 쓰일 경우에
나아가다는 뜻으로 해석된다.
속칭으로 책받침이라 하는 것은
부수로 쓰일 때 받침처럼 쓰기 때문이다.

사용 예 : 進(나아갈 진)

근

斤 近

斤 도끼 근

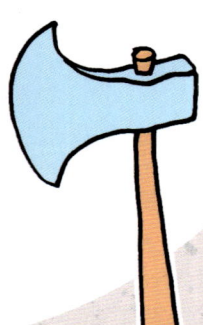

옛글자처럼 도끼 모양을 연상하라.
斤 자는 '한 근, 두 근' 하는 식으로
옛날에는 무게 단위로 많이 쓰였다.

- **활용 단어**
- 斤量(근량) – 저울로 단 무게.

근
斤 近

近 가까울 근

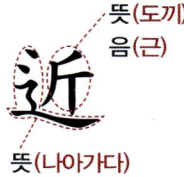

뜻(도끼)
음(근)
뜻(나아가다)

도끼를 들고
나아가니 가깝다.

- **활용 단어**

  近處(근처) – 가까운 곳.
  接近(접근) – 가까이 다가감.

미
米 迷

米 쌀 미

벼이삭을 본뜬 글자이며,
쌀이란 뜻이다.
고개 숙인 벼 모양을 본뜬
禾 자와 혼동하지 않도록!

■ **활용 단어**

玄米(현미) – 벼의 겉껍질만 벗겨 낸 누르스름한 쌀.
精米所(정미소) – 벼를 찧어 쌀을 만드는 곳.

미

米 迷

 길잘못들 미

음(미)

뜻(나아가다)

나아가다가 길을 잘못 들다.
迷 자는 길을 잘못 들게 한다는
뜻에서 미혹하다는 뜻도
갖게 되었다.

■ **활용 단어**

迷兒(미아) – 길을 잘못 들어 헤매는 아이.
迷惑(미혹) – 무엇에 홀려 정신을 차리지 못함.

伏 엎드릴 복

사람 옆에 개가
엎드려 있는 모습을
본뜬 글자이다.

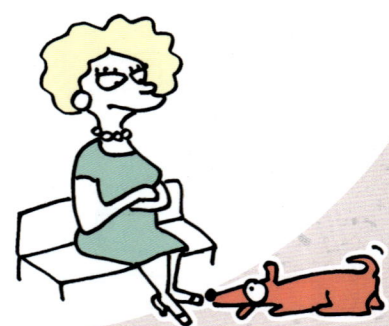

■ **활용 단어**

埋伏(매복) – 숨어서 엎드려 있음.
伏兵(복병) – 기습하기 위하여 엎드려 있는 병사.

부수 코너

气 기운 기

그림처럼 흐르는
기운을 연상하라.

사용 예 : 氣(기운 기)

기
氣 汽

氣 기운 기

뜻(기운)
음(기)
음(미→기)

기운이라는 뜻이다.
그림과 같이 하늘을 나는
비행기의 날개 주위를
흐르는 공기의 기운을
상상해 보라.

■ **활용 단어**

空氣(공기) – 사람이 숨을 쉴 때 들이마시고 내쉬는 모든 기체.
氣候(기후) – 공기의 상태인 날씨

기
氣 汽

汽 김 기

뜻(기운)
음(기)
뜻(물)

물이 펄펄 끓어
피어오르는 기운인 김.

■ 활용 단어

汽車(기차) – 수증기의 힘으로 가는 차.
汽笛(기적) – 수증기를 내뿜는 힘으로 내는 경적 소리.

刀 칼 도

한쪽에만 날이 서 있는
칼을 본뜬 글자이다.
刀 자가 부수로 쓰일 때는
대개 刂로 쓰인다.

- **활용 단어**

  面刀(면도) – 얼굴의 수염을 칼로 깎음.
  果刀(과도) – 과일의 껍질을 깎는 칼.

肉 고기 육

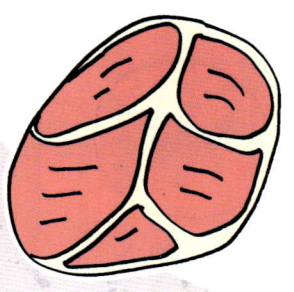

고깃덩이 모습을 본뜬 글자이다.
肉 자는 부수로도 자주 활용되는데
부수로 쓰일 때는 대개 月로 쓰며,
고기 혹은 몸의 뜻을 지닌다.

활용 단어

肉食(육식) – 고기를 먹음.
肉體(육체) – 사람의 몸.

 해 일, 날 일

해를 본뜬 글자이다.
해가 떴다 지고
다시 떠오를 때까지를
하루로 보기 때문에
날이라는 뜻도 있다.

활용 단어

日蝕(일식) – 달이 태양을 가림.
來日(내일) – 다음날.

부수 코너

언덕 엄

부수로 쓰일 때는 언덕 중에서 특히
기슭이라고 해석하라.
속칭으로는 '엄호(广)'와 구분하여
민엄호라고 한다.

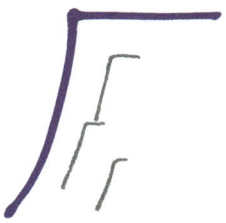

사용 예 : 岸(언덕 안)

干

방패 간

방패를 연상하라.
干 자는 마르다, 간여하다의
뜻도 있다.

■ **활용 단어**

干城(간성) – 방패와 성이라는 뜻으로, 나라를 지키는 믿음직한 군인을 의미.
干滿(간만) – 썰물과 밀물. "간만의 차"
干涉(간섭) – 남의 일에 참견함.

간	한	안
干 刊 肝	汗 旱	岸

刊 책 펴낼 간

뜻(칼)
음(간)

옛날에는 칼로
글자를 새겨 찍어서
책을 펴냈다.

■ **활용 단어**

刊行物(간행물) – 인쇄하여 펴낸 물건.
創刊號(창간호) – 정기간행물의 첫 호.

 간 간

뜻(몸)
肝
음(간)

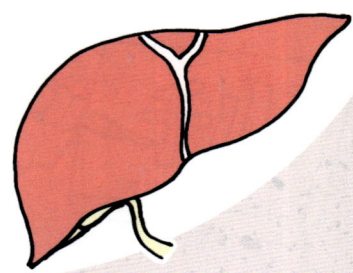

몸의 일부인 간.

■ **활용 단어**

肝臟(간장) – 간.
肝腸(간장) – 간과 창자라는 뜻으로, 마음을 의미하기도 함.
  "간장이 녹다"

간	한	안
干 刊 肝	汗 旱	岸

汗 땀 한

음(간→한)
뜻(물)

물처럼 흐르는 땀.

활용 단어

汗蒸(한증) – 땀이 나도록 불을 때어서 몸을 덥게 함. "한증막"
不汗黨(불한당) – 땀도 흘리지 않고 남의 것을 빼앗는 무리.

旱 가물 한

뜻(해)
음(간 → 한)

해가 너무 뜨거워서 가물다.

■ 활용 단어

- 旱害(한해) – 가뭄으로 생기는 피해.
- 旱魃(한발) – 가뭄 귀신이라는 뜻으로, 심한 가뭄을 의미.

간	한	안
干 刊 肝	汗 旱	岸

岸 언덕 안

뜻(산)
뜻(기슭) 岸
음(간→안)

산의 기슭에
언덕이 이어지다.

■ 활용 단어

海岸(해안) – 바닷가의 언덕.
沿岸(연안) – 물을 따라 잇닿아 있는 언덕. 또는 육지와 면한 물가.

休 쉴 휴

뜻(사람)
뜻(나무)

사람이 나무에 기대어 쉬다.

- **활용 단어**

  休息(휴식) – 하던 일을 멈추고 잠깐 쉼.
  休暇(휴가) – 근무하는 단체에서 일정 기간 동안 쉬는 일.

쉬어가기

정식 부수는 아니며, 손 모양을 본떴다.
ナ는 부수에 속해 있지는 않지만
여러 한자에 널리 쓰인다.

사용 예 : 右(오른 우)

又 또 우

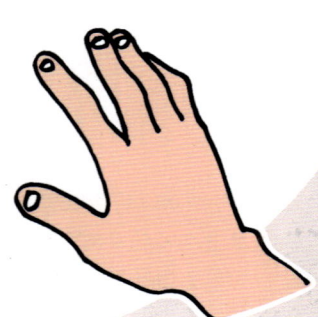

손 모양을 본뜬 글자이다.
又 자가 부수로 쓰일 때는
손이라는 뜻을 지닌다.
又 자가 단독으로 쓰일 경우는
또라는 뜻이 있다.

■ **활용 단어**

日新又日新(일신우일신) – 나날이 새로워짐.

우
又 友

友 벗 우

뜻(손)

友

뜻(손)
음(우)

손에 손을 잡고
반가워하는 친구.

■ **활용 단어**

友情(우정) – 벗 사이의 정.
校友(교우) – 같은 학교를 다니는 벗.

火 불 화

불이 타오르는 모습을 본뜬 글자이다.
火 자는 부수로도 많이 쓰이는데,
글자 밑 부분에 올 때에는
灬 로 쓰인다.

■ **활용 단어**

火災(화재) - 집이나 물건이 불에 타버린 재난.
火藥(화약) - 열, 전기, 충격 따위의 가벼운 자극에도 터지는 화학물질.

灰 재 회

뜻(손)
뜻(불)
음(화→회)

손에 막대기를 쥐고
불에 타고 남은
재를 휘젓다.

- **활용 단어**

  灰色(회색) – 잿빛.
  石灰(석회) – 석회석을 주원료로 만든 가루이며, 물과 섞어 벽에 바르는 재료.

촌

寸 村

마디 촌

손목 마디를 가리키는 모양으로
'삼촌(三寸), 사촌(四寸)' 등과 같이
촌수를 나타낼 때 사용되며,
또한 짧은 길이를 의미하기도 한다.
寸 자가 부수로 쓰일 때는
손이라는 의미를 지닌다.

▶ 활용 단어

- 三寸(삼촌) – 아버지의 형제.
- 寸評(촌평) – 매우 짧게 하는 비평.

촌
寸 村

村 마을 촌

음(촌)
뜻(나무)

나무들 사이로 옹기종기 집들이 들어선 마을.

■ **활용 단어**

山村(산촌) – 산속에 있는 마을.
農村(농촌) – 농사 짓는 마을.

有　있을 유

손에 고기가 있다.

- **활용 단어**

  保有(보유) – 가지고 있음.
  有名(유명) – 이름이 널리 알려져 있음.

手 손 수

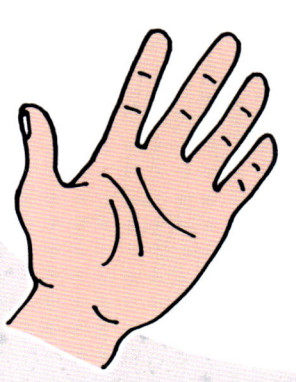

손가락을 모두 편 손의 모양을 본뜬 글자이며,
능한 사람이라는 뜻도 있다.
手 자가 부수로 쓰일 때는
주로 扌로 쓰인다.

■ **활용 단어**

拍手(박수) – 손뼉을 마주 침.
木手(목수) – 나무를 다루는 일을 직업으로 하는 사람.

支 가를 지

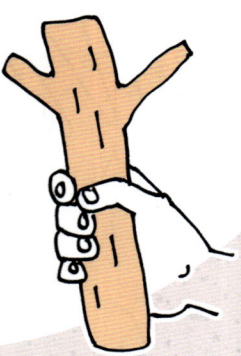

손으로 나뭇가지를 잡고 있는 모습을 본뜬 글자로, 가르다와 지탱하다의 두 가지 뜻이 생겼다.

■ 활용 단어

支店(지점) – 본점에서 갈라져 나와 정해진 지역의 업무를 보는 곳.
支持(지지) – 붙들고 버틴다는 뜻이며, 어느 편을 든다는 의미도 있음.

지	기
支 枝	技

枝 가지 지

뜻(가르다)
음(지)
뜻(나무)

나무에서 이리저리 갈라져 나온 것이 나뭇가지이다.

활용 단어

枝葉(지엽) – 가지와 잎이란 뜻으로, 중요하지 않다는 의미로 쓰임.
"지엽적인 문제"

金枝玉葉(금지옥엽) – 금으로 된 가지와 옥으로 된 잎이라는 뜻으로, 귀한 자손을 의미함.

지	기
支 枝	技

技 재주 기

技
- 뜻(손)
- 음(지→기)

손재주가 좋다.

■ **활용 단어**

技術(기술) – 무엇을 잘 다루는 솜씨나 방법.
技巧(기교) – 기술이나 솜씨가 뛰어남.

邑 고을 읍

사람들이 모여 사는 고을을
뜻하는 글자이다.
邑 자가 부수로 쓰일 때는
글자의 오른쪽에 ß로 쓰며,
마을로 해석한다.

- **활용 단어**

  邑內(읍내) – 읍의 안.
  都邑(도읍) – 한 나라의 서울.

> 군
> **君 郡 群**

君 임금 군

임금이 손으로 지휘봉을 잡고 입으로 명령을 내리는 장면을 본뜬 글자이다. 글자의 아랫부분은 입을 나타내는 부수 口이다. 君 자에는 군자, 그대의 뜻도 있다.

■ **활용 단어**

君主(군주) – 임금.
君子(군자) – 덕과 학식이 높은 사람.
諸君(제군) – 통솔자나 지도자가 여러 명의 아랫사람을 조금 높여 부르는 말. "제군들"

군
君 郡 群

郡 고을 군

郡 자는 도에 딸린 행정구역에 쓰인다.
예로 그림에 나오는 양평군, 가평군,
횡성군의 군 자를 郡이라 쓴다.

- **활용 단어**

  郡廳(군청) – 군의 행정을 맡아보는 기관.
  郡守(군수) – 군의 행정을 맡아보는 최고 책임자.

군

君 郡 群

群 무리 군

음(군)

뜻(양)

양들은 항상
무리를 지어 다닌다.

■ **활용 단어**

群衆(군중) – 많은 사람.
群舞(군무) – 많은 사람이 함께 춤을 춤.

析 쪼갤 석

뜻(도끼)
뜻(나무)

나무를 도끼로 쪼개다.

- **활용 단어**

分析(분석) – 복잡하거나 어려운 것을 나눠서 밝히는 것

부수 코너

糸 실 사

실 가닥이 꼬여 있는 모양을
본뜬 부수이다.

사용 예 : 絲(실 사)

 여덟 팔

숫자 8을 뜻하는 글자이다.
八 자가 부수로 쓰일 때는
나누다는 뜻이 있다.

■ 활용 단어

- 八等身(팔등신) - 키가 얼굴 길이의 여덟 배가 되는 몸.
- 八角亭(팔각정) - 지붕이 팔각형인 정자.

分 나눌 분

뜻(나누다)
뜻(칼)

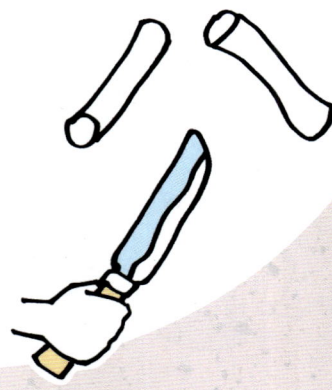

칼로 나누다.
分 자에는 분수, 명분,
신분의 뜻도 있다.

■ **활용 단어**

分離(분리) – 무엇에서 나누어 떨어지는 것.
過分(과분) – 분수에 지나침.
名分(명분) – 일할 때 내세우는 이유.
身分(신분) – 개인의 사회적 지위.

紛 엉클어질 분

음(분)
紛
뜻(실)

실이 엉클어지다.

■ **활용 단어**

紛爭(분쟁) – 복잡하게 얽혀 있으면서 다툼.
內紛(내분) – 조직이나 단체의 내부에서 발생한 분쟁.

분	빈
分 紛 粉	貧

粉 가루 분

뜻(쌀)
뜻(나누다)
음(분)

쌀을 나누어 가루를 내다.

- **활용 단어**

  粉末(분말) – 가루.
  粉乳(분유) – 가루우유.

분	빈
分 紛 粉	貧

貧 가난할 빈

재물을 여럿이 나누어 가지니 가난하다.
貧 자에는 모자라다는 뜻도 있다.

■ **활용 단어**

貧困(빈곤) – 가난하여 사는 것이 어려움.
貧血(빈혈) – 피가 모자람.

거	고
車	庫

車 수레 거, 수레 차

옛날에 사용하던 수레를 본뜬 글자이다.
車 자는 거라고 읽기도 하고,
차라고 읽기도 한다.
車 자는 현대에 타고 다니는
차를 의미하기도 한다.

■ **활용 단어**

停車場(정거장) – 차가 가다가 잠시 머무르는 곳.
馬車(마차) – 말이 끄는 수레.
輕車(경차) – 가벼운 차.

거	고
車	庫

庫 창고 고

庫
- 뜻(집)
- 뜻(차)
- 음(거→고)

차 같은 것들을
넣어두는 집을
창고라 한다.

활용 단어

倉庫(창고) – 물건을 보관하는 곳.
車庫(차고) – 차를 넣어두는 창고.

경

經 輕 徑

經 날줄 경

뜻(실)

음(경)

글자의 오른쪽 부분 巠은 베틀에 세로로
실이 걸려 있는 날줄을 나타낸다.
또한 직물을 질서 있게 짜므로 다스리다,
직물을 건너뛰지 않고 짜므로 지나다,
틀림없게 짜므로 경전이라는
뜻도 갖게 되었다.

● **활용 단어**

經緯(경위) – 천의 날줄과 씨줄을 뜻하며, 어떤 일의 진행 과정을
의미하기도 함. "사건의 경위를 밝히다"
經營(경영) – 사업체나 조직을 운영함.
經路(경로) – 지나는 과정 또는 길.
經典(경전) – 종교의 교리를 적어놓은 책.

경
經 輕 徑

輕 가벼울 경

음(경)
輕
뜻(차)

차가 가볍다.

- **활용 단어**

  輕量(경량) – 가벼운 무게.
  輕率(경솔) – 조심성 없이 가벼움.

경

經 輕 徑

徑 지름길 경

뜻(나아가다)

음(경)

길을 나아갈 때는 지름길로!

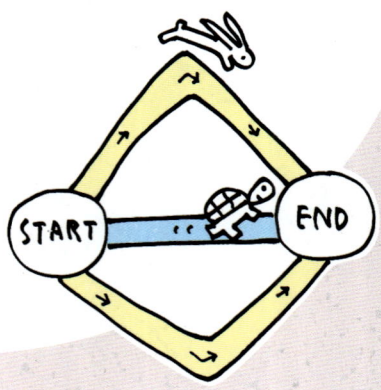

■ **활용 단어**

直徑(직경) – 지름.
捷徑(첩경) – 지름길.

부수 코너

 조금 걸을 척

사거리의 한쪽 길을 본떴으며,
부수로 쓰일 때는
나아가다는 뜻으로 해석하라.
속칭으로는 '사람인변(亻)'에 한 획을
덧붙인 모양이어서 두인변 또는
중인변이라 부른다.

사용 예 : 往(갈 왕)

巡 돌 순

뜻(나아가다)

모양(커브)

나아가며 돌다.
巛은 도로의 커브 길에 서 있는 교통 표지판을 연상하라.

■ **활용 단어**

巡察(순찰) – 여러 곳을 돌아다니며 살핌.
巡訪(순방) – 여러 나라나 지역을 차례로 방문함.

부수 코너

广 바윗집 엄

원래는 벼랑이나 바위 등에 기대어 세운 지붕이 있는 집을 뜻하는 글자이다. 기억하기 쉽게 그림같이 지붕이 있는 집을 연상하라. 속칭으로는 '민엄호(厂)'와 구분하여 엄호라고 부른다.

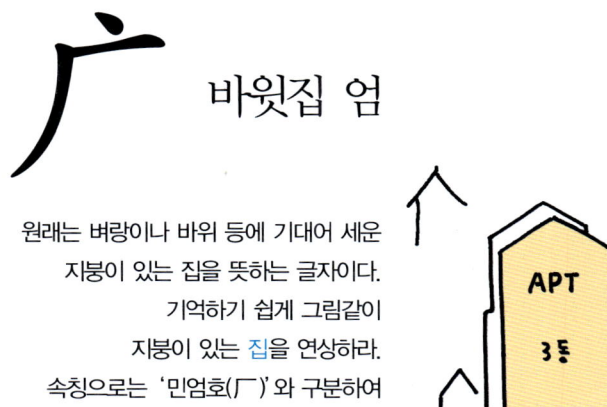

사용 예 : 店(가게 점)

좌

坐 座

 앉을 좌

뜻(사람)   뜻(사람)
뜻(땅)

두 사람이 땅바닥에 앉다.

■ **활용 단어**

坐像(좌상) – 앉아 있는 모습의 작품.
坐視(좌시) – 앉아서 보기만 함. "더 이상 좌시하지는 않겠다"

좌

坐 座

座 자리 좌

座
- 뜻(집)
- 뜻(앉다)
- 음(좌)

집 안에 앉을 수 있도록 마련해 놓은 자리.

■ **활용 단어**

座席(좌석) – 앉는 자리.
王座(왕좌) – 임금이 앉는 자리.

馬 말 마

달리는 말의 모습을 본뜬 글자이다.

■ **활용 단어**

白馬(백마) – 털빛이 흰 말.
千里馬(천리마) – 하루에 천 리를 갈 수 있는 말.

부수 코너

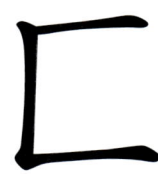 상자 방, 감출 혜

상자가 옆으로 누워 있는 모양을 본떴다.
원래 상자 방이나 감출 혜는
다른 부수이지만 인쇄체 한자에서는
구분이 되지 않는다.

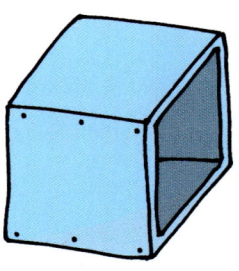

사용 예 : 匣(궤 갑)

구
區 驅

區 구역 구

뜻(상자)

뜻(물건)

상자 속 물건들을 둘
구역을 구분하다.

- **활용 단어**

  區域(구역) – 한 지역을 여럿으로 갈라놓은 것의 하나.
  區分(구분) – 구별하여 나눔.

구

區 驅

驅 몰 구

음(구)
驅
뜻(말)

말을 몰다.

- **활용 단어**

  驅使(구사) – 어떤 것을 능숙하게 몰듯이 사용함.
  　　　　　　"영어를 자유자재로 구사하다"
  驅迫(구박) – 몹시 몰아 못 견디게 괴롭힘.

지	기	치
止	企	齒

止 그칠 지

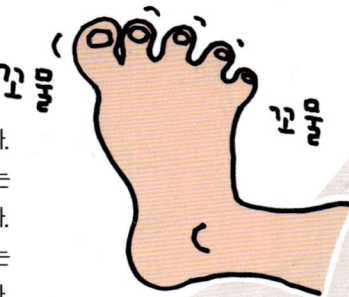

발 모양을 본뜬 글자이다.
止 자가 부수로 쓰일 때는
발이라는 뜻을 나타낸다.
한편, 단독으로 쓰일 때는
그치다는 뜻으로 쓰인다.

■ **활용 단어**

停止(정지) – 움직이고 있다가 멈춤.
止血劑(지혈제) – 피가 나오는 것을 멈추게 하는 약.

지	기	치
止	企	齒

企 꾀할 기

뜻(사람)
뜻(발)
음(지→기)

무언가를 손에 넣기 위해
사람이 발돋움하며 꾀하다.

■ 활용 단어

企圖(기도) – 어떤 일을 이루려고 꾀하고 계획함. "탈출을 기도하였다"
企劃(기획) – 어떤 일의 시작부터 끝을 자세하게 미리 꾸미는 일.

지	기	치
止	企	齒

齒 이 치

음(지→치)

齒

모양(이)

齒 자의 아랫부분 齒은
그림과 같이 이를 본뜬 모습이다.
齒 자에는 나이라는 뜻도 있다.

■ 활용 단어

蟲齒(충치) – 벌레가 파먹은 이.
年齒(연치) – 나이의 높임말.

容 얼굴 용

상투를 튼 사람의 얼굴을 연상하라.
容 자는 담다, 용서하다, 쉽다는
뜻으로도 쓰인다.

■ 활용 단어

容貌(용모) – 사람의 얼굴 모양.
容器(용기) – 물건을 담는 그릇.
容恕(용서) – 지은 죄나 잘못한 일을 덮어 줌.
容易(용이) – 매우 쉬움.

 동굴 혈

동굴을 본뜬 글자이다.
穴 자가 부수로 쓰일 때는
동굴 또는 구멍의
뜻을 지닌다.

■ **활용 단어**

穴居(혈거) – 동굴 속에서 삶.
洞穴(동혈) – 동굴의 구멍.

身 몸 신

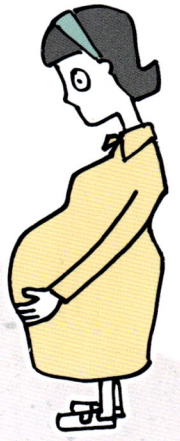

아기를 임신한 여자의 몸을 본뜬 글자이다.
身 자가 부수로 쓰일 때는 사람의 몸과 관련된 의미를 지닌다.

■ 활용 단어

身體(신체) – 사람의 몸.
長身(장신) – 키가 큰 몸.

궁

弓 窮

 활 궁

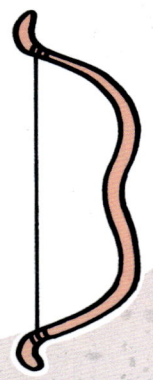

활 모양을 본뜬 글자이다.

■ **활용 단어**

弓手(궁수) – 활 쏘는 군사.
洋弓(양궁) – 서양식으로 만든 활.

궁

弓 窮

窮 궁할 궁

뜻(굴)
뜻(몸)
음(궁)

굴 속에서 몸을 웅크린 채 있으니 궁하다.
형편이 궁하여 이런저런 것들을 다하다는 뜻도 생겼다.

■ **활용 단어**

困窮(곤궁) – 처지가 어렵고 궁함.
無窮無盡(무궁무진) – 끝이 없고 다함이 없음.

장
長 帳 張

長 길 장

머리카락이 긴 어른이 지팡이를 짚고 서 있는 모습을 본뜬 글자이다.
長 자에는 길다와 어른이란 뜻이 있다.

■ **활용 단어**

長髮(장발) – 긴 머리카락.
校長(교장) – 학교의 으뜸 지위에 있는 사람.

장
長 帳 張

帳 휘장 장

뜻(길다)
음(장)
뜻(천)

천을 길게 장식한 것을 휘장이라 한다.
帳 자는 장부라는 뜻도 지니고 있는데,
옛날에는 천 같은 것에
글을 적었기 때문이 아닐까?

- **활용 단어**

  帳幕(장막) – 햇볕이나 비바람을 피할 목적으로 치는 막.
  帳簿(장부) – 물건이나 돈의 들어오고 나가는 것을 기록한 책.

장

長 帳 張

張 벌릴 장

뜻(활)
뜻(길다)
음(장)

활을 길게 늘려 벌리다.
張 자에는 뽐내다는
뜻도 있다.

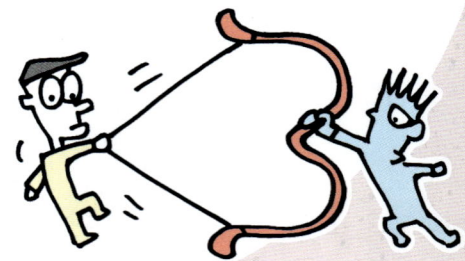

■ **활용 단어**

擴張(확장) – 늘려서 넓힘.
虛張聲勢(허장성세) – 실속은 없으면서 큰소리치거나 허세를 부림.

 염통 심, 마음 심

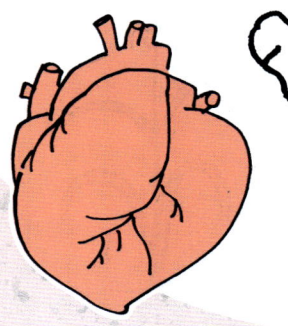

염통을 본뜬 글자이며,
마음이란 뜻도 있다.
心 자가 부수로 쓰일 경우에는
忄으로 쓰이기도 한다.

■ 활용 단어

心臟(심장) – 염통.
安心(안심) – 편안한 마음.

생	성
生	星 性 姓

生 날 생

땅에서 풀이 나는 모양을
본뜬 글자이다.
生 자에는 살다는 뜻도 있다.

■ **활용 단어**

出生(출생) – 세상에 태어남.
生命(생명) – 살아 있는 목숨.

생 성
---|---
生 | 星 性 姓

星 별 성

뜻(해)
뜻(나다)
음(생→성)

해처럼 태어난 수많은 별.

- **활용 단어**

恒星(항성) – 스스로 빛을 내며 다른 별과 위치를 바꾸지 않는 별.
行星(행성) – 항성을 중심으로 도는 별.

생	성
生	星 性 姓

性 성품 성

태어날 때부터 지닌 마음이 성품이다.
性 자는 태어날 때부터 구별되는
남녀의 성별을 뜻하기도 한다.
요즘 성전환 수술을 하는
사람들을 보면 육체보다 마음이
더 중요한가 보다.

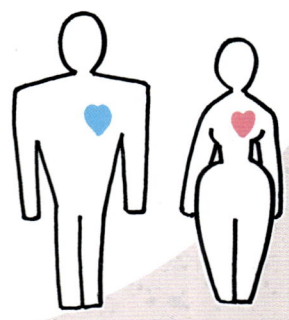

■ **활용 단어**

性格(성격) – 사람이 본래부터 가지고 있는 성질.
異性(이성) – 남녀의 성이 다른 것

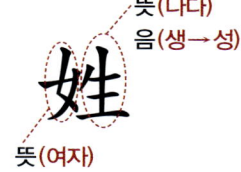

姓 성씨 성

여자 몸에서 태어난
수많은 성씨의 아기들.

■ **활용 단어**

姓名(성명) – 성과 이름.
百姓(백성) – 백 가지 성이란 뜻으로, 일반 국민을 의미함.

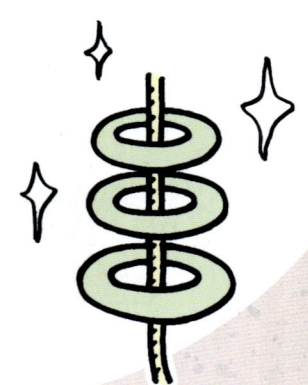

광이 나는 옥을 본뜬 글자이다.
옥 자가 부수로 쓰일 때는
점이 빠진 채 王으로 쓰이며,
구슬로도 해석된다.

■ **활용 단어**

白玉(백옥) – 빛깔이 하얀 옥.
玉石(옥석) – 옥과 돌이라는 뜻으로, 좋은 것과 나쁜 것을 구분함을 이르는 말.
"옥석을 가리다"

目 눈 목

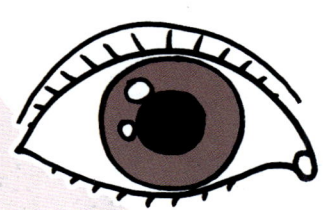

사람의 눈을 본뜬 글자이며,
보다는 뜻도 있다.

■ **활용 단어**

目前(목전) – 눈앞.
目測(목측) – 눈대중.

견	현
見	現

見 볼 견, 뵈올 현

뜻(눈)

눈을 뜻하는 目(목) 자에서
뜻이 비롯되었다.
그림과 같은 캐릭터를 통해
보다는 뜻을 연상하라.
見 자는 뵈올 현으로
쓰이기도 한다.

- **활용 단어**

  見學(견학) – 보고 배움.
  謁見(알현) – 지체가 높은 사람을 찾아가 뵘.

견	현
見	現

現 나타날 현

음(견 → 현)

뜻(옥)

옥에서 광채가 나타나다.

■ **활용 단어**

出現(출현) – 나타나 보임.
表現(표현) – 생각이나 느낌을 밖으로 나타냄.

시

示 視

示 보일 시

제단을 본뜬 글자이다.
示 자가 부수로 쓰일 때는
신(神)과 관련되는 뜻을 지닐 때가 많다.
그런데 옛날에는 신이 제사를 통해 뜻을
나타내 보였다고 생각하였기에 示 자가
보이다는 뜻을 지니게 되었다.

■ **활용 단어**

啓示(계시) – 깨우쳐 보임. "하늘의 계시"
示範(시범) – 본보기를 보임.

시

示 視

視 볼 시

視
- 뜻(보다)
- 음(시)
- 모양(제단)

제단을 보다.

- **활용 단어**

  視力(시력) – 눈으로 볼 수 있는 능력.
  視線(시선) – 눈이 가는 길.

비
比 批

比 견줄 비

두 사람이 같은 방향으로
앉아 서로 힘을 겨루는
모습을 연상하라.
견주다는 뜻 외에
나란하다는
뜻으로도 쓰인다.

- **활용 단어**

  比較(비교) – 둘 이상을 서로 견주어 보는 것.
  比肩(비견) – 어깨를 나란히하다라는 뜻이며, 우열이 없이 비등하다는 의미임.

비

比 批

批 비평할 비

뜻(견주다)
음(비)
뜻(손)

작품을 손으로 가리켜 서로 견주며 비평하다.

활용 단어

批評(비평) – 무엇의 가치를 따져 평가함.
批判(비판) – 무엇의 가치를 따져 판단함.

배
北 背

北 달아날 배, 북녘 북

서로 등을 돌리고 있는 모습을 나타낸다.
먼저 등을 돌린다는 것은 싸움에 진다는
뜻이므로, 北 자에는 싸움에 져서
달아나다는 뜻이 생겼다.
北 자는 북녘 북 자로도 쓰이는데,
보통 남쪽을 향하고 있으면 등 쪽이
북쪽이 되기 때문이다.

- **활용 단어**

  敗北(패배) – 겨루어서 짐.
  北風(북풍) – 북쪽에서 불어오는 바람.

배

北 背

등 배

음(배)
뜻(몸)

몸에 있는 등.
背 자에는 배반하다는
뜻도 있다.

■ 활용 단어

背泳(배영) – 등을 물에 대고 누워서 하는 수영법.
背信(배신) – 믿음을 저버림.

화
化 貨 花

化 변화할 화

사람의 동작이
변화하는 모습을 연상하라.

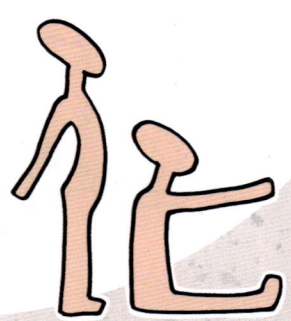

■ **활용 단어**

- 變化(변화) – 무엇의 성질이나 모양이 바뀌어 달라짐.
- 化石(화석) – 아주 옛날의 생명체가 돌이 되어 남아 있는 것.

화
化 貨 花

재화 화

음(화)
뜻(재물)

재물인 재화라는 뜻이다.
재물의 가치가 있는 물품을
뜻하기도 한다.

■ **활용 단어**

財貨(재화) - 재물.
百貨店(백화점) - 백 가지 즉 많은 상품을 판매하는 대규모의 현대식 종합
소매점.

화
化 貨 花

花 꽃 화

뜻(풀)

뜻(변화하다)
음(화)

풀이 변화하여 꽃이 되다.

■ **활용 단어**

花草(화초) – 꽃이 피는 풀.
花壇(화단) – 흙을 한층 높게 하여 만든 꽃밭.

부수 코너

艸 풀 초

풀이 돋아난 모양을 본뜬 글자이다.
실제로 부수로 쓰일 때는 글자의
머리 부분에 艹로 쓰이기 때문에
속칭으로는 초두라고 부른다.

사용 예 : 草(풀 초)

石 돌 석

石 자의 윗부분 ノ은 기슭을
뜻하는 厂이 변형된 것이다.
기슭에 떨어져 있는 돌덩어리.

- **활용 단어**

  石材(석재) – 건축이나 조각에 쓰이는 돌.
  石工(석공) – 돌을 다루는 일을 직업으로 하는 사람.

부수 코너

 쌀 포

사람이 양팔을 벌려 무언가를 감싸는 모습을 본뜬 부수이다.

사용 예 : 包(쌀 포)

포
包 砲 抱 胞 飽

 쌀 포

뜻 (감싸다)

모양 (아기)

아기를 감싸다.
글자의 아랫부분 巳은
아기를 연상하라.

■ **활용 단어**

包裝(포장) – 물건의 바깥을 싸는 것.
包圍(포위) – 주위를 에워 싸는 것.

포
包 砲 抱 胞 飽

砲 대포 포

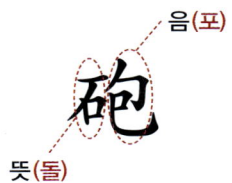

음(포)
뜻(돌)

화약이 발명되기 전
옛날의 대포는
돌을 이용했다.

활용 단어

大砲(대포) – 무엇을 멀리 내쏘는 무기.
砲擊(포격) – 대포를 쏘아 공격하는 것.

포
包砲抱胞飽

 안을 포

뜻(손)

뜻(감싸다)
음(포)

손으로 감싸 안다.

- **활용 단어**

  抱擁(포옹) - 품에 껴안음.
  抱負(포부) - 마음속에 안고 있는, 미래에 대한 계획.

포
包 砲 抱 胞 飽

胞 태보 포, 세포 포

뜻(감싸다)
음(포)
뜻(몸)

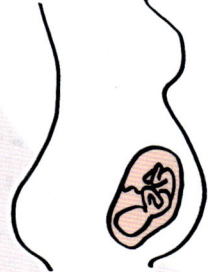

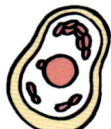

몸에 있는 태보에 감싸여 태아가 자란다.
태보는 뱃속의 아기를 감싸고 있는
막과 태반을 말한다.
胞 자는 몸을 구성하는
세포라는 뜻도 있다.

■ 활용 단어

同胞(동포) – 같은 뱃속에서 태어난 형제자매라는 뜻이며, 같은 민족이란
 의미.
細胞(세포) – 생물체를 이루는 기본 단위.

포
包 砲 抱 胞 飽

飽 배부를 포

뜻(먹을 것)

음(포)

먹을 것을 잔뜩 먹어
배부르다.

■ **활용 단어**

飽食(포식) – 배가 부르게 먹음.
飽滿感(포만감) – 배부르게 먹어 속이 가득 차 있는 느낌.

祈 빌 기

뜻(도끼)
뜻(신)

신에게 도끼를 찾아달라고 빌다.

■ 활용 단어

祈願(기원) – 신에게 간절히 바라는 것.
祈雨祭(기우제) – 옛날에 신에게 비를 바라며 드렸던 제사.

高 높을 고

성문 위에 망루가 있는 모습을
본뜬 글자이다.
병사들이 성에서 제일 높은 곳인
망루에서 사방을 경계하다.

■ **활용 단어**

高層(고층) – 건물의 높은 층.
高音(고음) – 높은 음.

고

高 稿

稿 볏짚 고

음(고)
뜻(곡식)

곡식을 수확하고 볏짚을 쌓다.
稿 자는 볏짚이라는 뜻인데,
그보다는 원고라는 차용된
뜻으로 주로 쓰인다.

■ 활용 단어

原稿(원고) – 인쇄하거나 발표하기 위하여 쓴 글.
寄稿(기고) – 신문이나 잡지에 싣기 위하여 원고를 써서 보냄.

부수 글자

귀	괴
鬼	愧塊

鬼 귀신 귀

뿔 달린 귀신을 본뜬 글자이다.

■ **활용 단어**

鬼神(귀신) – 영의 존재.
魔鬼(마귀) – 나쁜 귀신.

귀	괴
鬼	愧 塊

愧 부끄러워할 괴

음 (귀 → 괴)
뜻 (마음)

마음으로
부끄러워하다.

▪ 활용 단어

自愧(자괴) – 스스로 부끄러워함.
慙愧(참괴) – 매우 부끄러워함.

塊 덩어리 괴

뜻(흙)
음(귀→괴)

흙으로 된 덩어리.

- **활용 단어**

  金塊(금괴) – 금덩이.
  銀塊(은괴) – 은덩이.

부수 코너

 병 질

병이나 상처를 뜻하는 부수이다. 그림과 같이 병에 걸려 이불을 뒤집어쓰고 오들오들 떨면서도 식은땀을 흘리는 모습을 연상하라.

사용 예 : 疾(병 질)

皮 가죽 피

나무에 뱀을 매달아놓고
손(부수 又)으로 가죽을
벗기는 모습을 연상하라.

■ 활용 단어

毛皮(모피) - 털가죽.
皮骨(피골) - 살가죽과 뼈. "피골이 상접하다"

피	파
皮 疲 被 彼	破 波 頗

 피곤할 피

뜻(병)
뜻(가죽)
음(피)

가죽이 병들 정도로 피곤하다.

■ **활용 단어**

疲困(피곤) – 지치고 고달픔.
疲勞(피로) – 일하다 지친 상태.

피	파
皮 疲 被 彼	破 波 頗

被 이불 피

동물 가죽을 옷처럼 이불로 쓰다는
뜻인데, 쓰이는 단어는 거의 없다.
한편 被 자는 (옷이나 피해를) 입다라는
뜻으로 많이 쓰인다.

■ **활용 단어**

被服(피복) – 입는 의복.
被殺(피살) – 살해당함.

피	파
皮 疲 被 彼	破 波 頗

彼 저 피

음(피)
뜻(나아가다)

나아가려 하는 저곳.

■ **활용 단어**

彼此(피차) – 저쪽과 이쪽.
彼我間(피아간) – 그와 나 사이. "피아간의 격전이 벌어지다"

피	파
皮 疲 被 彼	破 波 頗

破 깨뜨릴 파

뜻(돌)
음(피→파)

돌을 깨뜨리다.

■ **활용 단어**

擊破(격파) – 쳐서 깨뜨림.
破壞(파괴) – 깨뜨려 헐어 버림.

피	파
皮 疲 被 彼	破 波 頗

波 물결 파

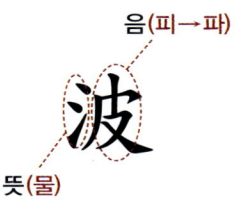

물 위에 생기는 물결.

■ 활용 단어

防波堤(방파제) – 파도를 막기 위하여 쌓은 둑.
餘波(여파) – 큰 물결이 지나가고 난 뒤 남아 있는 잔물결.

피	파
皮 疲 被 彼	破 波 頗

頗 치우칠 파

음(피→파)

頗

뜻(머리)

머리가 한쪽으로 치우치다.

■ **활용 단어**

偏頗的(편파적) – 어느 한쪽으로 치우친 성향.

부수 코너

 머리 혈

임금이 머리에 면류관을 쓰고 있는 모습을 연상하라. 머리 혹은 우두머리라는 뜻을 지니고 있다.

사용 예 : 頭(머리 두)

붕
朋 崩

朋 벗 붕

뜻(몸) — 朋 — 뜻(몸)

정답게 걸어가는 두 몸은 벗이다.
朋 자에는 무리라는
뜻도 있다.

■ 활용 단어

朋友(붕우) – 벗.
朋黨(붕당) – 끼리끼리 모인 패라는 뜻이며, 역사적으로는 정치적 당파를
　　　　　　의미.

붕
朋 崩

崩 산 무너질 붕

뜻(산)
음(붕)

산이 무너지다.
崩 자에는 임금이 죽다는
뜻도 있다.

■ **활용 단어**

崩壞(붕괴) – 무너지고 허물어짐.
崩御(붕어) – 임금이 죽음.

창
昌 唱

昌 창성할 창

뜻(해)
뜻(해)

해가 둘씩이나 있을 정도로
밝고 창성하다.

- **활용 단어**

  昌盛(창성) – 기세가 크게 일어나 번성함.
  繁昌(번창) – 활동이 활발하고 창성함.

창

吕 唱

唱 노래할 창

음 (창)

唱

뜻 (입)

입으로 노래하다.

▪ 활용 단어

獨唱(독창) – 혼자서 노래를 부름.
合唱(합창) – 여러 사람이 함께 노래를 부름.

문
門 問 聞

門 문 문

문짝이 두 개인 문을 본뜬 글자이다.
門 자는 집안, 동문이라는
뜻으로도 쓰인다.

■ **활용 단어**

大門(대문) – 큰 문.
門閥(문벌) – 대대로 이어져 내려오는 한 집안의 사회적 위치.
同門(동문) – 같은 학교에서 공부하고 나온 사람.

문

門 問 聞

問 물을 문

뜻(문)
음(문)
뜻(입)

할머니 안녕히 주무셨어요

오냐

문 앞에서
입으로 묻다.

■ 활용 단어

問安(문안) – 웃어른께 안부를 여쭈어 봄. "문안 편지"
訪問(방문) – 찾아가서 여쭈어 봄.

문
門 問 聞

聞 들을 문

뜻(문)
음(문)
聞
뜻(귀)

문 앞에서
귀를 기울여 듣다.

■ **활용 단어**

風聞(풍문) – 바람같이 떠돌아 들리는 소문.
醜聞(추문) – 추잡하게 들리는 소문

耳 귀 이

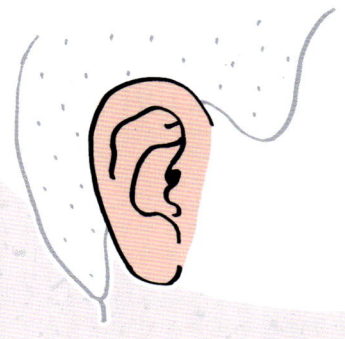

사람의 귀를 본뜬 글자이다.

■ **활용 단어**

中耳炎(중이염) – 가운데귀에 생긴 염증.
耳目口鼻(이목구비) – 귀·눈·입·코를 말함.

간

間 簡

間 사이 간

뜻(문)

뜻(해)

햇살이 문 사이로 비친다.

- **활용 단어**

  空間(공간) – 아무것도 없는 빈 곳.
  間隔(간격) – 벌어진 사이.

간

間 簡

簡 편지 간

簡
뜻(대나무)
음(간)

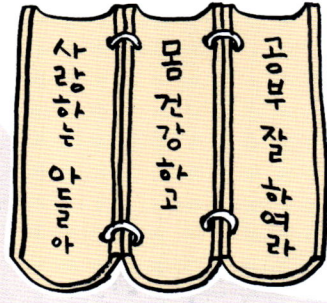

대나무 쪽을 엮어 쓴 편지.
簡 자는 간략하다는
뜻으로도 쓰인다.

■ **활용 단어**

書簡文(서간문) – 편지에 쓰는 특수한 문체.
簡略(간략) – 간단하게 줄임.

흉
凶 胸

凶 흉할 흉

사람이 깊은 구덩이에 빠져 흉한 일을 당한 모습을 연상하라.

■ **활용 단어**

吉凶(길흉) – 운이 좋고 나쁨. "그 해의 길흉을 점치다"
凶年(흉년) – 나쁜 해라는 뜻이며, 구체적으로는 농사를 망친 해를 의미.

흉
凶 胸

胸 가슴 흉

뜻(몸) 뜻(감싸다)
胸
음(흉)

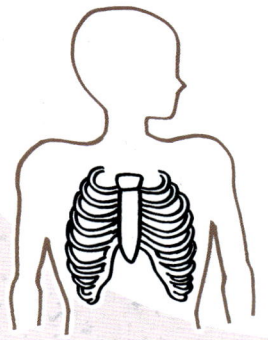

감싸서 보호하는 몸은 가슴.

■ **활용 단어**

胸部(흉부) – 가슴.
胸像(흉상) – 가슴까지만 표현한 작품.

樂 풍류 악, 즐거울 락, 좋아할 요

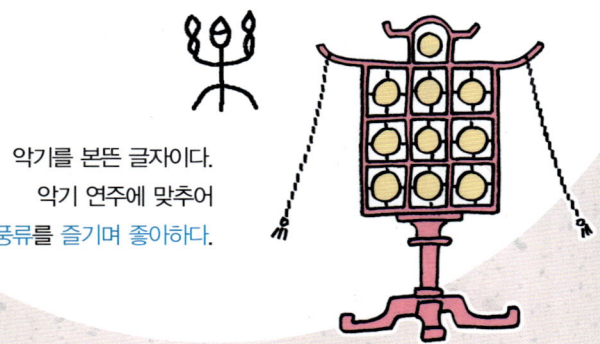

악기를 본뜬 글자이다.
악기 연주에 맞추어
풍류를 즐기며 좋아하다.

■ 활용 단어

樂器(악기) – 음악을 연주하는 데 쓰는 기구.
娛樂(오락) – 쉬는 시간에 기분 좋게 노는 일.
樂山樂水(요산요수) – 어진 사람은 산을 좋아하고 지혜로운 사람은 물을 좋아한다는 뜻이다.

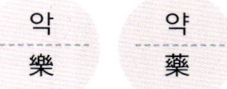

藥 약 약

藥
- 뜻(풀)
- 음(악→약)

풀이 약으로 쓰이다.

■ 활용 단어

藥草(약초) – 약이 되는 풀
補藥(보약) – 몸의 기력을 보충하기 위해 먹는 약.

則

법칙 칙, 곧 즉

뜻(재물) / 뜻(칼)

칼을 가진 자가 재물을
차지하는 것이 법칙이다.
則 자에는 곧 즉이라는
뜻도 있다.

- **활용 단어**

  法則(법칙) – 법으로 정하여 따라야 하는 규칙.
  言則是也(언즉시야) – 말이 사리에 맞음.

칙	측
則	側 測

側 곁 측

음(칙→측)
뜻(사람)

사람의 곁.
側 자에는 옆이란
뜻도 있다.

■ 활용 단어

側近(측근) – 곁의 가까운 곳.
側面(측면) – 옆면.

測 잴 측

뜻(물) / 음(칙→측)

물의 양을 재다.
우리나라에서 세종대왕이
세계 최초로 강수량을 측정하는
측우기를 발명하였다.

■ **활용 단어**

測量(측량) – 기기를 써서 물건의 높이, 깊이, 넓이, 방향 등을 잼.
計測(계측) – 장치를 써서 잼.

班 나눌 반

뜻(옥) 뜻(옥)
班
뜻(칼)

칼로 옥을 나누다.
班 자는 주로 '1반, 2반' 할 때의
반과 양반의 뜻으로 쓰인다.

■ 활용 단어

班長(반장) - 반의 대표.
兩班(양반) - 조선시대에 신분이 높은 사대부 계층으로, 문반과 무반을 의미한다.

리
利 梨

利 날카로울 리

곡식을 베는 칼은 날카롭다.
곡식을 거둬 식량이 풍부해지면
모두에게 이로우므로
리 자는 이롭다는 뜻도
지니게 되었다.

■ **활용 단어**

銳利(예리) – 날카로움.
利益(이익) – 이롭고 보탬이 됨.

리

利 梨

梨 배나무 리

뜻(이롭다)
음(리)
뜻(나무)

이로운 과일이 열리는
나무인 배나무.
배는 감기와 천식에
효과가 있으며,
해독 작용도 한다.

■ **활용 단어**

梨花(이화) – 배꽃.
烏飛梨落(오비이락) – 까마귀 날자 배 떨어진다는 뜻으로, 아무 관련 없는
일이 같은 때에 일어나서 난처한 입장이라는 뜻.

兩 두 량

물동이 두 개를
지게로 지고 있는
사람의 모습을
연상하라.

■ **활용 단어**

兩側(양측) – 두 편.
兩家(양가) – 양쪽 집안.

匕 비수 비

날카로운 작은 칼인 비수를 뜻한다.

- **활용 단어**
  匕首(비수) – 길이가 짧은 칼.

경

頃 傾

頃 잠깐 경

뜻(비수)
뜻(머리)

비수가 머리를 향해
날아오는 잠깐.

- **활용 단어**
- 頃刻(경각) – 잠깐의 시각.

경

頃 傾

傾 기울어질 경

사람이 기울어지다.

- **활용 단어**

  傾斜(경사) – 기울어짐.
  傾向(경향) – 어떤 방향으로 기울어짐.

月 달 월

이지러진 달의 모습을 본뜬 글자이며, 시간 개념의 달을 의미하기도 한다.

■ **활용 단어**

滿月(만월) – 보름달.
每月(매월) – 매달.

부수 코너

皿 그릇 명

그릇 모양을 본뜬 글자이다.

사용 예 : 盛(성할 성)

明 밝을 명

뜻(해)
뜻(달)

해와 달이 모두 떠 있으면
정말 밝겠지.

- **활용 단어**

  明暗(명암) – 밝고 어두움.
  光明(광명) – 빛나고 밝음.

盟 맹세 맹

음(명→맹)
뜻(그릇)

글자의 윗부분이 부수 해와 달로 조합되어 있다. 해와 달 앞에 술잔을 들어 맹세하다는 뜻이다.

■ **활용 단어**

同盟(동맹) – 둘 이상이 어떤 목적으로 함께 하기로 맹세함.
血盟(혈맹) – 피로써 맺은 동맹.

絲 실 사

뜻(실) / 뜻(실)

실을 뜻하는 부수 糸 두 개로
이루어진 글자이다.

■ 활용 단어

- 絹絲(견사) – 비단실.
- 綿絲(면사) – 솜에서 뽑은 실.

田 밭 전

농작물을 재배하는
밭의 모양을 본뜬 글자이다.

■ **활용 단어**

田畓(전답) – 밭과 논.
田園(전원) – 밭과 동산이라는 뜻으로, 도시에서 떨어진 곳을 의미.

介 끼일 개

뜻 (사람)

모양 ('가르다'를 의미하는 八의 변형)

두 사람 사이를 가르며 끼다.
介 자에는 소개하다는
뜻도 있다.

■ **활용 단어**

介入(개입) – 중간에 끼어드는 것.
紹介(소개) – 모르는 사람들 사이에 끼어서 서로 알고 지내도록 관계를
맺어 줌.

개	계
介	界

界 경계 계

界
- 뜻(밭)
- 뜻(끼다)
- 음(개 → 계)

밭과 밭 사이에 끼어 경계를 이루다.
界 자에는 (경계 내의) 범위라는
뜻도 있다.

▪ 활용 단어

境界(경계) – 서로 다른 두 영역이 만나는 지점.
業界(업계) – 같은 분야에 종사하는 사람들의 사회.

조

燥 操

燥 마를 조

뜻(불)

음(조)

글자의 오른쪽 윗부분은 '물건 품(品)'이고,
아랫부분은 '나무 목(木)'이다.
젖은 물건들이 나무틀에 걸쳐진 채
불에 마르는 장면을 연상하라.

- **활용 단어**

  乾燥(건조) - 말라서 물기가 없음.
  燥渴症(조갈증) - 입 안이 마르는 증세.

조

燥 操

操 잡고부릴 조

음(조)
뜻(손)

손으로 잡고 부리다.
操 자에는 꿋꿋하고 바른 뜻과
행동을 의미하는
지조라는 뜻도 있다.

■ **활용 단어**

操縱(조종) – 자기 마음대로 다루는 것.
志操(지조) – 굽히지 아니하고 끝까지 지켜 나가는 의지.

九 아홉 구

숫자 9를 뜻한다.
'전설의 고향'에
자주 나오는
꼬리 아홉 달린
구미호를 연상하라.

■ 활용 단어

- 九尾狐(구미호) – 꼬리가 아홉 개 달린 여우라는 뜻이며, 몹시 교활한 여자를 비유.
- 十中八九(십중팔구) – 열 가운데 여덟이나 아홉 정도로 거의 대부분.

구	궤
九 究	軌

究 연구할 구

뜻(동굴)
음(구)

동굴 속까지 들어가 연구하다.

▪ 활용 단어

研究(연구) – 어떤 것에 대하여 깊이 있게 따져 밝혀내는 일.
學究熱(학구열) – 공부하고 연구하는 열정.

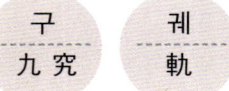

軌 수레바퀴 궤

뜻(차)
음(구→궤)

차의 바퀴.

■ 활용 단어

軌道(궤도) – 차 바퀴가 지나가는 길.
軌跡(궤적) – 차 바퀴가 지나간 자국.

守 지킬 수

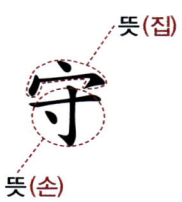
뜻(집)
뜻(손)

손으로 집을 지키다.

- **활용 단어**

  守備(수비) – 막아서 지킴.
  死守(사수) – 목숨을 걸고 지킴.

交 사귈 교

다리를 꼬고 서 있는 모습을 본뜬 글자이다. 다리가 서로 교차하는 모습에서 交 자는 사귀다, 바꾸다는 뜻으로 쓰인다.

■ **활용 단어**

交際(교제) – 서로 사귐.
交替(교체) – 다른 것으로 바꿈.

교
交 校 較 郊

효
效

학교 교

뜻(사귀다)
음(교)
뜻(나무)

나무도 있고 사귀는 친구도 있는 학교. 校 자는 교정보다, 장교의 뜻으로도 쓰인다.

■ **활용 단어**

學校(학교) – 학생들을 가르치는 교육기관.
校正(교정) – 출판하기 전에 원고와 임시로 인쇄한 것을 서로 비교하여 틀린 곳을 바로 잡음.
將校(장교) – 현대 군대 제도에서 소위 이상의 군인.

較 비교할 교

차를 살 때는 이것저것 비교해 본다.

- **활용 단어**

  比較(비교) – 둘 이상의 사물을 서로 견주어 보는 것.
  日較差(일교차) – 기온이 하루 동안 내려간 최저치와 올라간 최고치의 비교되는 차이.

郊 들 교

뜻(마을)
음(교)

마을 주변에 들판이 펼쳐져 있다.

■ **활용 단어**

郊外(교외) – 도시 밖에 있는 들.
近郊(근교) – 도시의 가까운 변두리에 있는 들.

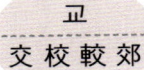

 효험 효

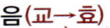

뜻(치다)

잘못했을 때 회초리로 종아리를
치면 교육 효험이 있다.

■ 활용 단어

效果(효과) – 어떤 일로 인해 생기는 좋은 결과.
效用(효용) – 효험이 있게 쓰임.

片 조각 편

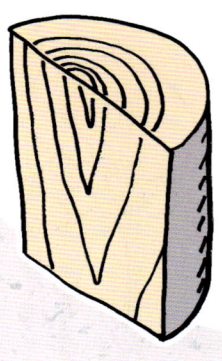

원통 모양의 나무토막을 두 조각으로 잘랐을 때 그 오른쪽 조각의 모양을 본뜬 글자이다. 따라서 片 자에는 한쪽이라는 뜻도 있다.

■ **활용 단어**

破片(파편) - 깨어지거나 부서진 조각.
片道(편도) - 가거나 오는 길 가운데 어느 한쪽.

반	판
反返飯	販板版

反 되돌릴 반

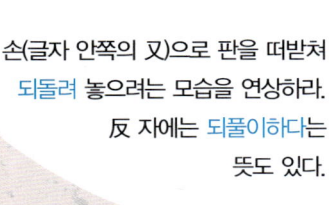

손(글자 안쪽의 又)으로 판을 떠받쳐
되돌려 놓으려는 모습을 연상하라.
反 자에는 되풀이하다는
뜻도 있다.

▌ 활용 단어

反擊(반격) – 되돌려서 공격함.
反復(반복) – 같은 일을 되풀이함.

返 돌이킬 반

뜻(되돌리다)
음(반)
뜻(나아가다)

되돌려 나아가니 돌이키다.

- **활용 단어**

  返送(반송) – 돌이켜 보내는 것.
  返品(반품) – 돌이켜 보내는 물건.

반	판
反返飯	販板版

飯 밥 반

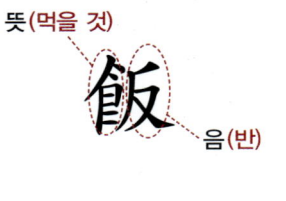

먹을 것인 밥.

■ 활용 단어

白飯(백반) – 하얀 쌀밥.
朝飯(조반) – 아침밥.

반	판
反返飯	販板版

販 팔 판

음(반→판)
뜻(재물)

재물을 받고 팔다.

■ **활용 단어**

販賣(판매) – 상품을 파는 것.
販路(판로) – 상품이 팔리는 길. "판로가 막히다"

반	판
反返飯	販板版

板 널빤지 판

나무로 된 널빤지.

- **활용 단어**

  合板(합판) – 얇게 켠 나무 널빤지를 여러 겹 붙인 널빤지.
  漆板(칠판) – 분필로 글씨를 쓰거나 그림을 그릴 수 있는 검은색이나 초록색의 널빤지.

반
反返飯

판
販板版

版 널 판

版
- 음(반→판)
- 뜻(조각)

조각된 널.
版 자에는 인쇄라는
뜻도 있다.

활용 단어

版畵(판화) – 널에 새긴 후 종이나 천에 인쇄한 그림.
出版(출판) – 인쇄하여 세상에 내놓음.

창
倉 創 蒼

倉 곳집 창

곳집을 본뜬 글자이다.
倉 자에는 급하다는
뜻도 있다.

■ 활용 단어

倉庫(창고) – 물건을 보관하는 건물.
倉卒間(창졸간) – 매우 급작스러운 사이. "창졸간에 생긴 일"

> 창
> 倉 創 蒼

創 비롯할 창

뜻(칼)
음(창)

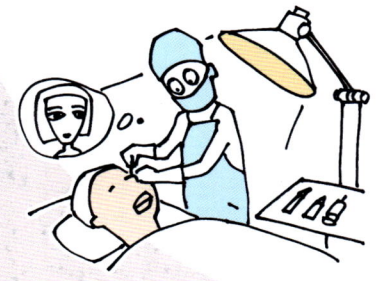

의사가 수술용 칼을 들고 성형수술을
시작하는 모습을 연상하라.
創 자에는 비롯하다(시작하다),
상하다의 뜻이 있다.

■ **활용 단어**

創業(창업) – 사업을 처음으로 시작함.
絆創膏(반창고) – 상처를 싸매기 위하여 접착 물질을 바른 헝겊이나 테이프.

창

倉 創 蒼

蒼 푸를 창

뜻(풀)
蒼 뜻(곳집)
   음(창)

곳집 지붕 위에 풀이 푸르고
무성하게 자라나 있는
장면을 연상하라.

■ 활용 단어

蒼空(창공) – 맑고 푸른 하늘.
鬱蒼(울창) – 나무가 빽빽하게 우거지고 푸름. "울창한 산림"

李 오얏나무 리

뜻(나무)
李
뜻(자식)

나무의 자식이란 뜻인데,
나무에 달린 오얏(자두)을 의미한다.
쓰이는 단어는 많지 않고,
성으로 많이 쓰인다.

■ **활용 단어**

李朝(이조) - 이씨 조선의 줄임말.

뇌
腦 惱

腦 뇌 뇌

뜻(몸)
腦
음(뇌)

몸에 있는 뇌.
글자의 오른쪽 부분 甾은
뇌에서 열이 나는 모습으로
연상하라.

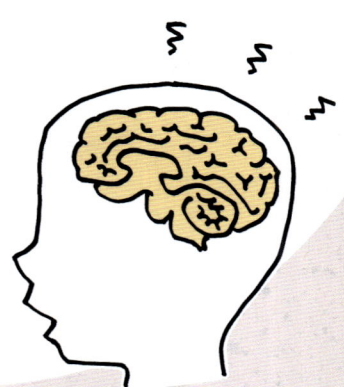

- **활용 단어**

  頭腦(두뇌) – 머릿속에 들어 있는 골.
  腦死(뇌사) – 뇌의 기능이 멈춘 상태.

뇌

腦 惱

 괴로워할 뇌

음(뇌)
뜻(마음)

마음으로 괴로워하다.

- **활용 단어**

  煩惱(번뇌) – 마음으로 괴로워 함.
  苦惱(고뇌) – 괴로워하고 번뇌함.

半 반 반

한 개에서 나누어진 반이라는 뜻의 글자이다.

■ **활용 단어**

半年(반년) – 일년의 반.
半減(반감) – 반으로 줄어드는 것.

반	판
半 伴 叛	判

伴 짝 반

사람 중에 자기 짝.
伴 자에는 따르다는
뜻도 있다.

활용 단어

伴侶者(반려자) – 세상을 같이 살아갈 짝.
伴奏(반주) – 음악을 표현할 때 옆에서 연주를 하여 보조하는 것.

반	판
半伴叛	判

叛 배반할 반

뜻(반)
음(반)

음(반)

반으로 나뉘어
배반하다.

■ **활용 단어**

叛亂(반란) – 배반하여 난리를 일으킴.
叛徒(반도) – 반란을 꾀한 무리.

반	판
半 伴 叛	判

判 판단할 판

칼로 반으로 자르라 하여
올바른 판단을 내리다.
서로 아기 엄마라고 우기는 두 여인에게
아기를 반으로 나누어 가지라고 하여
결국 올바른 판단을 내린 솔로몬의
재판을 연상하라.

- **활용 단어**

  裁判(재판) – 법원에서 옳고 그름을 따져서 판단하는 일.
  判事(판사) – 법원에서 재판을 맡은 사람.

련

連 蓮

連 이을 련

차들이 나아가며
꼬리에 꼬리를 물고
이어져 있다.

- **활용 단어**

  連續(연속) – 끊어지지 아니하고 계속 이어짐.
  連結(연결) – 서로 이어서 관계를 맺음.

련
連 蓮

蓮 연 련

뜻(풀)
음(련)

풀의 한 종류인 연.

■ 활용 단어

蓮根(연근) – 연의 뿌리.
木蓮(목련) – 나무의 한 종류이며, 이른 봄에 연과 같이 큰 꽃이 핌.

金 금금, 쇠금, 성씨김

번쩍번쩍 빛나는 금 덩어리가
쌓여 있는 모습을 연상하라.
金 자에는 쇠와 같은 금속이란 뜻도 있다.
한편, 金 자가 성씨로 쓰일 때는
김이라고 읽는다.

■ **활용 단어**

金塊(금괴) – 금덩이.
金屬(금속) – 쇠붙이.
金氏(김씨) – 성이 김가인 사람.

 저녁 석

달이 뜨는 저녁이란 뜻으로,
산에 걸린 달을 본뜬
글자이다.

활용 단어

朝夕(조석) – 아침과 저녁. "부모님께 조석으로 문안을 드리다"
夕刊(석간) – 매일 저녁때에 발행되는 신문.

명
名 銘

 이름 명

뜻(저녁)

뜻(입)

어두운 저녁에는
입으로 이름을 불러
사람을 찾는다.

■ **활용 단어**

姓名(성명) – 성과 이름.
呼名(호명) – 이름을 부름.

명

名 銘

銘 새길 명

음(명)
銘
뜻(금속)

금속에 새기다.

- **활용 단어**

  座右銘(좌우명) – 자리 우측에 새겨두고 길잡이로 삼으려는 가르침.
  銘心(명심) – 마음에 깊이 새김.

사
舍 捨

舍 집 사

집 모양을 본뜬 글자이다.

■ 활용 단어

寄宿舍(기숙사) – 학교나 회사 따위에 딸려 있으면서 학생이나 사원이 먹고 자는 시설.
官舍(관사) – 관청에서 관리들이 먹고 잘 수 있도록 마련한 집.

사

舍 捨

捨 버릴 사

음(사)
뜻(손)

손으로 버리다.
捨 자에는 베풀다는
뜻도 있다.

■ **활용 단어**

取捨選擇(취사선택) – 여럿 가운데서 쓸 것은 쓰고 버릴 것은 버림.
喜捨(희사) – 기쁜 마음으로 돈이나 물건을 내놓음.

마
麻 磨

麻 삼 마

집을 뜻하는 부수 广 아래 삼을
거꾸로 걸어놓은 모습이다.
삼의 줄기로는 옷감으로 쓰이는
삼베를 만들고, 잎과 꽃은
마약 성분이 있어 대마초를
만들 때 쓰인다.

■ **활용 단어**

麻衣(마의) – 삼베옷.
大麻草(대마초) – 환각제로 쓰는 대마의 이삭이나 잎.

마

麻 磨

磨 갈 마

음(마)
뜻(돌)

돌에 갈다.

■ **활용 단어**

研磨(연마) – 갈고 닦는다는 뜻이며, 학문이나 기술 따위를 힘써 배우는 모습을 비유하기도 함.
磨滅(마멸) – 갈려서 닳아 없어짐.

음	암
音	暗

音 소리 음

관악기를 부는 모습을
본뜬 글자이다.
글자의 윗부분은 관악기,
아랫부분은 입 모양을 본떴다.
입으로 관악기를 불어서
나는 소리를 뜻한다.

■ 활용 단어

高音(고음) – 높은 소리.
低音(저음) – 낮은 소리.

음 암
音 暗

暗 어두울 암

음(음→암)
뜻(해)

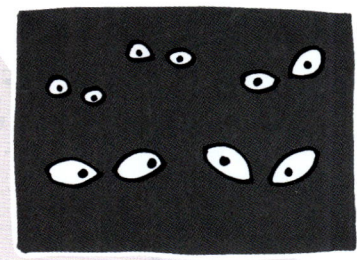

해가 비치지 않아 어둡다.
어두운 곳에서
몰래 하는 일이 많으므로
몰래라는 뜻도 있다.

■ 활용 단어

暗黑(암흑) – 어둡고 캄캄함.
暗行(암행) – 어떤 목적을 위하여 자기의 정체를 숨기고 몰래 돌아다님.

맹
孟 猛

孟 맹랑할 맹

자식을 그릇에 담아 씻길 때
맹랑하게 굴다.

- **활용 단어**
  孟浪(맹랑) – 보기보다 하는 짓이 깜찍함. "맹랑한 아가씨네"

맹
孟 猛

猛 사나울 맹

음(맹)
뜻(짐승)

짐승처럼 사납다.

■ **활용 단어**

猛獸(맹수) – 사나운 짐승.
勇猛(용맹) – 용감하고 사나움. "용맹을 떨치다"

골짜기의 산등성이와
입구를 본뜬 글자이다.

■ **활용 단어**

溪谷(계곡) – 물이 흐르는 골짜기.
峽谷(협곡) – 깊고 좁은 골짜기.

곡	속
谷	俗

俗 풍속 속

음(곡→속)
뜻(사람)

사람들 사이에 전해져 오는 풍속.
俗 자에는 인간세상, 속되다는 뜻도 있다.

■ 활용 단어

風俗(풍속) – 옛날부터 내려오며 지키는 습관.
俗世(속세) – 불교에서 일반 세상을 의미.
俗語(속어) – 상스러운 말.

閑 한가할 한

뜻(문)

뜻(나무)

나무가 있는
문 안에서 한가하다.

- **활용 단어**

  閑暇(한가) – 쉴 수 있는 겨를이 있어 여유로움.
  閑寂(한적) – 한가하고 고요함.

말씀 언

입으로 한 말소리가 멀리 퍼져나가는 모양을 연상하라. 言 자는 말 또는 글을 뜻하는 부수로 쓰인다.

활용 단어

名言(명언) – 유명한 말.
言爭(언쟁) – 말다툼.

과
果 課

果 열매 과

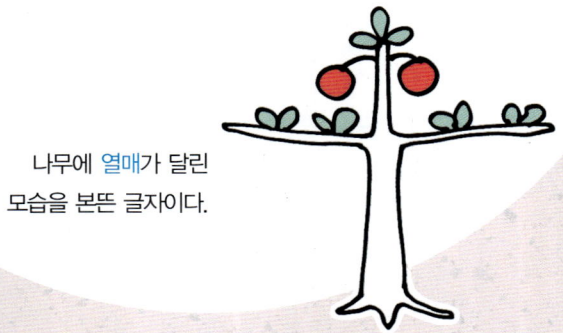

나무에 열매가 달린 모습을 본뜬 글자이다.

■ **활용 단어**

果實(과실) – 열매.
結果(결과) – 열매를 맺는다는 뜻이며, 어떤 원인으로 생긴 결말을 의미.

과
果 課

課 매길 과

열매의 등급이나
수확량 등을
글로 매기다.

활용 단어

課稅(과세) – 세금을 매김.
賦課(부과) – 부담할 것을 매김. "세금을 부과하다"

사
射 謝

射 쏠 사

모양 射 뜻(손)

손을 몸 앞으로 내밀어 쏘다.
여기에서 身(신)은
손을 몸 앞으로 내미는
모습으로 연상하라.

■ **활용 단어**

射擊(사격) – 활이나 총을 쏨
名射手(명사수) – 총이나 활을 잘 쏘는 사람.

사

射 謝

謝 말로 표현할 사

뜻(쏘다)
음(사)
뜻(말)

'말을 쏘다'는 것은 말로 표현하다는 것을 의미한다.

■ 활용 단어

謝禮(사례) – 말이나 선물로 상대방에게 고마운 뜻을 나타냄.
謝絕(사절) – 남의 요구나 제의를 거절함.
謝過(사과) – 자기의 잘못에 대하여 용서를 빎.

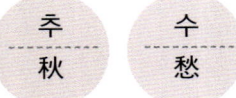

秋 가을 추

- 뜻(곡식)
- 모양(귀뚜라미)

곡식이 무르익고
귀뚜라미가 우는 가을.
秋 자에는 때라는
뜻도 있다.

■ **활용 단어**

秋收(추수) – 가을에 익은 곡식을 거두어들임.
千秋(천추) – 오랜 세월. "천추의 한"

愁 근심 수

가을에 추운 겨울을
생각하면 마음에
근심이 쌓인다.

■ **활용 단어**

愁心(수심) – 근심하는 마음. "수심에 찬 얼굴"
憂愁(우수) – 시름과 근심.

· 1893 漢字 찾아보기 ·

이 책은 정부에서 공표한 상용한자 1800자를 기본으로 하였고, 그 외에 93자를 추가하여 총 1893자를 수록하였습니다.
이 책에 수록된 1893자는 한자능력검정시험 3급에 해당되는 한자 1817자를 모두 포함하였으며, 한자능력검정시험 8급~3급 한자 찾아보기는 8권 뒷부분에 별도로 첨부하였습니다.
참고로 상용한자 1800자 외에 추가로 수록한 한자들은 쉽게 구분할 수 있도록 빨간 색으로 처리하였습니다.

※ 찾아보기에서 한자 옆의 숫자는 해당 한자가 수록된 권과 페이지 표시입니다.

|가|
佳 ···· 4-101
假 ···· 4-124
價 ···· 7-187
加 ···· 3-238
可 ···· 5-60
家 ···· 7-215
暇 ···· 4-125
架 ···· 3-239
歌 ···· 5-61
街 ···· 4-102

|각|
刻 ···· 5-213
却 ···· 5-186
各 ···· 3-192
脚 ···· 5-187
覺 ···· 4-85
角 ···· 5-225
閣 ···· 3-193

|간|
刊 ···· 1-71
姦 ···· 4-225
干 ···· 1-70
幹 ···· 6-164
懇 ···· 5-113
看 ···· 3-118
簡 ···· 1-175
肝 ···· 1-72
間 ···· 1-174
艮 ···· 5-112

|갈|
渴 ···· 4-74

|감|
感 ···· 5-72
敢 ···· 4-231
減 ···· 5-71
甘 ···· 2-215
監 ···· 3-148
鑑 ···· 3-149

|갑|
甲 ···· 3-140

|강|
剛 ···· 4-72
康 ···· 8-217
强 ···· 8-28
江 ···· 3-162
綱 ···· 4-71
講 ···· 3-204
鋼 ···· 4-70
降 ···· 8-161

|개|
介 ···· 1-196
個 ···· 5-35
慨 ···· 2-19
改 ···· 2-225
概 ···· 2-20
皆 ···· 6-170
蓋 ···· 5-183

開 ···· 5-232

|객|
客 ···· 3-198

|갱|
更 ···· 5-196

|거|
去 ···· 5-182
居 ···· 5-33
巨 ···· 4-8
拒 ···· 4-9
據 ···· 8-33
擧 ···· 6-92
距 ···· 4-10
車 ···· 1-100

|건|
乾 ···· 6-159
件 ···· 6-15
健 ···· 2-157
建 ···· 2-156
巾 ···· 1-41

|걸|
乞 ···· 6-158
傑 ···· 7-125

|검|
儉 ···· 4-61
劍 ···· 4-60

檢 ···· 4-62

|격|
擊 ···· 8-152
格 ···· 3-194
激 ···· 8-220
隔 ···· 6-207

|견|
堅 ···· 4-86
牽 ···· 8-129
犬 ···· 1-25
絹 ···· 6-156
肩 ···· 3-67
見 ···· 1-132
遣 ···· 8-189

|결|
決 ···· 2-68
潔 ···· 8-41
結 ···· 2-151
缺 ···· 2-70
訣 ···· 2-69

|겸|
兼 ···· 2-158
謙 ···· 2-159

|경|
京 ···· 7-68
傾 ···· 1-189
卿 ···· 8-237

境	4-246	計	3-61	|골|		慣	2-209
庚	8-240	階	6-171	骨	7-211	管	5-84
徑	1-104	鷄	7-93			觀	3-224
慶	8-166			|공|		貫	2-208
敬	5-128	|고|		供	4-170	關	7-142
景	7-72	古	5-28	公	3-186	館	5-83
硬	5-197	告	3-144	共	4-168		
竟	4-244	固	5-34	功	3-156	|광|	
競	5-69	姑	5-30	孔	3-99	光	7-63
經	1-102	孤	2-93	工	3-154	廣	2-172
耕	6-245	庫	1-101	恐	3-159	狂	1-27
警	5-130	故	5-32	恭	4-169	鑛	2-173
輕	1-103	枯	5-29	攻	3-157		
鏡	4-245	稿	1-153	空	3-155	|괘|	
頃	1-188	考	6-169	貢	3-158	掛	4-105
驚	5-129	苦	5-31			卦	4-104
更	5-196	顧	6-53	|과|			
		高	1-152	寡	8-95	|괴|	
|계|		鼓	8-42	果	1-244	塊	1-156
係	2-213	雇	6-52	科	1-40	壞	4-190
啓	5-73			誇	8-169	怪	8-192
契	8-40	|곡|		課	1-245	愧	1-155
季	8-97	哭	7-152	過	4-80		
戒	2-16	曲	8-230	瓜	2-92	|교|	
桂	4-103	穀	8-219			交	1-204
械	2-17	谷	1-240	|곽|		巧	6-168
溪	7-94			郭	6-197	敎	8-98
界	1-197	|곤|				校	1-205
癸	8-240	困	2-227	|관|		橋	2-62
系	2-212	坤	3-103	冠	8-76	矯	2-61
繫	8-153	昆	6-42	官	5-82	較	1-206
繼	8-150			寬	8-77	郊	1-207

喬 ····· 2-60

|구|
丘 ····· 7-126
久 ····· 8-237
九 ····· 1-200
俱 ····· 4-161
具 ····· 4-160
區 ····· 1-112
口 ····· 1-9
句 ····· 5-124
懼 ····· 3-221
拘 ····· 5-125
救 ····· 5-90
構 ····· 3-202
求 ····· 5-88
狗 ····· 5-127
球 ····· 5-89
究 ····· 1-201
舊 ····· 7-230
苟 ····· 5-126
驅 ····· 1-113
龜 ····· 3-135
購 ····· 3-203

|국|
國 ····· 6-137
局 ····· 3-79
菊 ····· 8-104

|군|
君 ····· 1-90
群 ····· 1-92
軍 ····· 7-64
郡 ····· 1-91

|굴|
屈 ····· 5-207

|궁|
宮 ····· 5-181
弓 ····· 1-120
窮 ····· 1-121

|권|
券 ····· 4-224
勸 ····· 3-227
卷 ····· 4-223
拳 ····· 4-222
權 ····· 3-226

|궐|
厥 ····· 4-240
蹶 ····· 4-241

|궤|
軌 ····· 1-202

|귀|
歸 ····· 8-56
貴 ····· 7-144
鬼 ····· 1-154
龜 ····· 3-135

|규|
叫 ····· 4-135
糾 ····· 4-134
規 ····· 6-163
閨 ····· 4-100

|균|
均 ····· 8-99
菌 ····· 5-221
龜 ····· 3-135

|극|
克 ····· 6-219
劇 ····· 8-32
極 ····· 8-214

|근|
僅 ····· 4-196
勤 ····· 4-198
斤 ····· 1-58
根 ····· 5-117
謹 ····· 4-197
近 ····· 1-59
筋 ····· 4-119

|금|
今 ····· 6-8
琴 ····· 6-9
禁 ····· 4-147
禽 ····· 8-230
金 ····· 1-228
錦 ····· 7-119

|급|
及 ····· 5-74
急 ····· 8-134
級 ····· 5-75
給 ····· 3-129

|긍|
肯 ····· 8-118

|기|
企 ····· 1-115
其 ····· 6-186
器 ····· 7-153
基 ····· 6-187
奇 ····· 5-66
寄 ····· 5-68
己 ····· 2-220
幾 ····· 3-132
忌 ····· 2-222
技 ····· 1-88
旗 ····· 6-190
旣 ····· 2-18
期 ····· 6-188
棄 ····· 8-45
機 ····· 3-133
欺 ····· 6-189
氣 ····· 1-64
畿 ····· 3-134
祈 ····· 1-151
紀 ····· 2-223
記 ····· 2-224
豈 ····· 8-94

| 기 |

起 ····· 2-221
飢 ····· 7-235
騎 ····· 5-67
汽 ····· 1-65

| 긴 |

緊 ····· 4-88

| 길 |

吉 ····· 2-150

| 김 |

金 ····· 1-228

| 나 |

那 ····· 8-242

| 낙 |

諾 ····· 8-67

| 난 |

暖 ····· 6-226
難 ····· 4-201

| 남 |

南 ····· 8-226
男 ····· 2-245

| 납 |

納 ····· 7-239

| 낭 |

娘 ····· 5-105

| 내 |

乃 ····· 8-239
內 ····· 7-238
奈 ····· 8-241
耐 ····· 6-237

| 녀 |

女 ····· 1-50

| 년 |

年 ····· 8-236

| 념 |

念 ····· 6-14

| 녕 |

寧 ····· 8-162

| 노 |

努 ····· 2-65
奴 ····· 2-64
怒 ····· 2-66

| 농 |

農 ····· 7-15

| 뇌 |

惱 ····· 1-221
腦 ····· 1-220

| 능 |

能 ····· 7-198

| 니 |

泥 ····· 8-205

| 다 |

多 ····· 7-180
茶 ····· 8-179

| 단 |

丹 ····· 8-231
但 ····· 2-163
單 ····· 5-192
團 ····· 3-177
壇 ····· 2-166
斷 ····· 8-151
旦 ····· 2-162
檀 ····· 2-167
段 ····· 8-60
短 ····· 7-37
端 ····· 7-91

| 달 |

達 ····· 8-203

| 담 |

擔 ····· 6-60
淡 ····· 7-90
談 ····· 7-89
膽 ····· 6-61

| 답 |

畓 ····· 5-85
答 ····· 3-127
踏 ····· 5-17

| 당 |

唐 ····· 6-126
堂 ····· 3-24
當 ····· 3-25
糖 ····· 6-127
黨 ····· 3-26

| 대 |

代 ····· 6-100
大 ····· 2-110
對 ····· 8-193
帶 ····· 7-138
待 ····· 6-83
臺 ····· 8-131
貸 ····· 6-101
隊 ····· 7-179

| 덕 |

德 ····· 5-220

| 도 |

倒 ····· 2-75
刀 ····· 1-66
到 ····· 2-74
圖 ····· 2-133
塗 ····· 6-108
導 ····· 2-33

島	1-33	動	3-235	落	3-196	糧	2-147
度	6-104	同	5-46			良	5-102
徒	3-173	東	4-24	|란|		諒	7-70
挑	2-126	洞	5-47	亂	8-24	量	2-146
桃	2-128	童	5-150	卵	3-95		
渡	6-105	銅	5-48	欄	4-155	|려|	
盜	4-199			蘭	4-154	勵	8-23
稻	7-231	|두|			慮	6-249
跳	2-125	斗	1-37	|람|		旅	8-16
逃	2-127	豆	6-18	濫	3-150	麗	6-247
途	6-110	頭	6-19	覽	3-151		
道	2-32	讀	7-55			|력|	
都	5-246			|랑|		力	2-47
陶	6-243	|둔|		廊	5-107	曆	4-163
		屯	5-98	浪	5-104	歷	4-162
|독|		鈍	5-99	郎	5-106	鬲	6-206
毒	8-225			朗	5-103		
獨	5-229	|득|				|련|	
督	4-110	得	2-164	|래|		憐	4-13
篤	7-107			來	8-234	戀	7-194
讀	7-55	|등|				練	4-153
		燈	6-23	|랭|		聯	7-143
|돈|		登	6-22	冷	5-168	蓮	1-227
敦	6-198	等	6-85			連	1-226
豚	5-209	騰	4-227	|략|		鍊	4-152
				掠	7-71		
|돌|		|라|		略	3-197	|렬|	
突	4-57	羅	5-205			列	2-176
				|량|		劣	4-203
|동|		|락|		兩	1-186	烈	2-177
冬	5-164	樂	1-178	凉	7-69	裂	2-178
凍	4-25	絡	3-195	梁	4-247		

| 렴 |
廉 ···· 2-160

| 렵 |
獵 ···· 8-126

| 령 |
令 ···· 5-166
嶺 ···· 5-171
零 ···· 5-167
靈 ···· 7-151
領 ···· 5-170

| 례 |
例 ···· 2-179
禮 ···· 7-214
隸 ···· 8-39

| 로 |
勞 ···· 8-149
爐 ···· 5-177
老 ···· 6-167
路 ···· 3-200
露 ···· 3-201

| 록 |
祿 ···· 4-145
綠 ···· 4-144
錄 ···· 4-146
鹿 ···· 6-246

| 론 |
論 ···· 4-122

| 롱 |
弄 ···· 4-230

| 뢰 |
賴 ···· 2-188
雷 ···· 3-105

| 료 |
了 ···· 6-193
僚 ···· 6-57
料 ···· 3-222
療 ···· 6-56

| 룡 |
龍 ···· 7-216

| 루 |
屢 ···· 4-185
樓 ···· 4-184
淚 ···· 6-192
漏 ···· 2-233
累 ···· 7-140

| 류 |
柳 ···· 7-147
流 ···· 6-48
留 ···· 8-30
類 ···· 8-91
硫 ···· 6-49

| 륙 |
六 ···· 8-238
陸 ···· 7-246

| 륜 |
倫 ···· 4-121
輪 ···· 4-120

| 률 |
律 ···· 2-219
栗 ···· 8-141
率 ···· 8-235

| 륭 |
隆 ···· 8-160

| 릉 |
陵 ···· 8-201

| 리 |
利 ···· 1-184
吏 ···· 8-12
履 ···· 4-94
李 ···· 1-219
梨 ···· 1-185
理 ···· 5-109
裏 ···· 5-110
里 ···· 5-108
離 ···· 6-58
璃 ···· 6-59

| 린 |
隣 ···· 4-12

| 림 |
林 ···· 3-115
臨 ···· 8-36

| 립 |
立 ···· 7-79

| 마 |
磨 ···· 1-235
馬 ···· 1-110
麻 ···· 1-234

| 막 |
幕 ···· 7-18
漠 ···· 7-17
莫 ···· 7-16

| 만 |
慢 ···· 2-101
晩 ···· 3-216
滿 ···· 8-209
漫 ···· 2-100
萬 ···· 8-22
蠻 ···· 7-192

| 말 |
末 ···· 2-27

|망|
亡 ····· 5-18
妄 ····· 5-19
忘 ····· 5-21
忙 ····· 5-23
望 ····· 5-22
罔 ····· 5-26
茫 ····· 5-20
網 ····· 5-27

|매|
埋 ····· 5-149
妹 ····· 2-26
媒 ····· 2-218
梅 ····· 3-207
每 ····· 3-206
買 ····· 7-53
賣 ····· 7-54

|맥|
脈 ····· 8-15
麥 ····· 8-234

|맹|
孟 ····· 1-238
猛 ····· 1-239
盲 ····· 5-24
盟 ····· 1-193

|면|
免 ····· 3-214
勉 ····· 3-215
眠 ····· 6-17
綿 ····· 7-118
面 ····· 4-69

|멸|
滅 ····· 7-164

|명|
冥 ····· 8-115
名 ····· 1-230
命 ····· 5-169
明 ····· 1-192
銘 ····· 1-231
鳴 ····· 1-36

|모|
侮 ····· 3-209
冒 ····· 6-66
募 ····· 7-20
慕 ····· 7-21
暮 ····· 7-22
某 ····· 2-216
模 ····· 7-19
母 ····· 3-205
毛 ····· 3-120
謀 ····· 2-217
貌 ····· 8-124
矛 ····· 2-79
帽 ····· 6-67

|목|
木 ····· 1-47
牧 ····· 4-133
目 ····· 1-131
睦 ····· 7-247

|몰|
沒 ····· 8-215

|몽|
夢 ····· 4-45
蒙 ····· 6-95

|묘|
卯 ····· 7-146
墓 ····· 7-23
妙 ····· 3-111
廟 ····· 6-162
苗 ····· 3-90

|무|
務 ····· 2-80
戊 ····· 6-152
武 ····· 4-216
無 ····· 4-59
舞 ····· 4-58
茂 ····· 6-153
貿 ····· 8-31
霧 ····· 2-81
巫 ····· 7-150

|묵|
墨 ····· 6-215
默 ····· 4-167

|문|
問 ····· 1-171
文 ····· 5-236
聞 ····· 1-172
門 ····· 1-170
紋 ····· 5-237

|물|
勿 ····· 2-242
物 ····· 2-243

|미|
味 ····· 2-25
尾 ····· 3-121
微 ····· 6-144
未 ····· 2-24
眉 ····· 4-115
米 ····· 1-60
美 ····· 1-8
迷 ····· 1-61
薇 ····· 6-145

|민|
憫 ····· 5-238
敏 ····· 7-158
民 ····· 6-16

|밀|
密 ····· 4-215
蜜 ····· 4-214

|박|
博 · · · · 7-114
拍 · · · · 3-30
朴 · · · · 2-235
泊 · · · · 3-31
薄 · · · · 7-115
迫 · · · · 3-32

|반|
伴 · · · · 1-223
半 · · · · 1-222
反 · · · · 1-210
叛 · · · · 1-224
班 · · · · 1-183
盤 · · · · 3-66
般 · · · · 3-64
返 · · · · 1-211
飯 · · · · 1-212
搬 · · · · 3-65

|발|
拔 · · · · 4-51
發 · · · · 7-174
髮 · · · · 4-50

|방|
倣 · · · · 3-49
傍 · · · · 3-50
妨 · · · · 3-46
房 · · · · 3-43
放 · · · · 3-48
方 · · · · 3-42
芳 · · · · 3-47
訪 · · · · 3-44
邦 · · · · 8-191
防 · · · · 3-45
榜 · · · · 3-51

|배|
倍 · · · · 4-165
培 · · · · 4-164
拜 · · · · 8-208
排 · · · · 3-84
杯 · · · · 6-214
背 · · · · 1-139
輩 · · · · 3-85
配 · · · · 4-48
北 · · · · 1-138

|백|
伯 · · · · 3-29
白 · · · · 3-28
百 · · · · 4-31

|번|
煩 · · · · 2-63
番 · · · · 3-70
繁 · · · · 7-159
飜 · · · · 3-71

|벌|
伐 · · · · 2-9
罰 · · · · 7-87

|범|
凡 · · · · 3-152
犯 · · · · 4-228
範 · · · · 4-229
帆 · · · · 3-153

|법|
法 · · · · 5-184

|벽|
壁 · · · · 6-232
碧 · · · · 3-33
僻 · · · · 6-233

|변|
變 · · · · 7-193
辨 · · · · 3-247
辯 · · · · 3-246
邊 · · · · 8-165
便 · · · · 5-198

|별|
別 · · · · 8-197

|병|
丙 · · · · 6-154
兵 · · · · 8-74
屛 · · · · 6-54
病 · · · · 6-155
竝 · · · · 8-57
倂 · · · · 6-55

|보|
保 · · · · 8-102
報 · · · · 6-124
寶 · · · · 3-11
普 · · · · 5-96
步 · · · · 7-166
補 · · · · 7-108
譜 · · · · 5-97

|복|
伏 · · · · 1-62
卜 · · · · 2-234
復 · · · · 4-92
服 · · · · 6-125
福 · · · · 3-180
腹 · · · · 4-91
複 · · · · 4-90
覆 · · · · 4-93

|본|
本 · · · · 8-140

|봉|
奉 · · · · 6-138
封 · · · · 4-106
峯 · · · · 4-130
蜂 · · · · 4-132
逢 · · · · 4-131
鳳 · · · · 8-180
俸 · · · · 6-139

|부|
付 ····· 3-8
副 ···· 3-183
否 ···· 6-213
夫 ····· 3-76
婦 ····· 8-54
富 ···· 3-182
府 ····· 3-12
扶 ····· 3-77
浮 ····· 3-97
父 ····· 1-24
符 ····· 3-10
簿 ···· 7-113
腐 ····· 3-13
負 ····· 8-72
賦 ···· 4-217
赴 ···· 8-127
部 ···· 4-166
附 ····· 3-9
復 ····· 4-92
阜 ···· 2-246
孵 ···· 3-96
賻 ···· 7-112

|북|
北 ···· 1-138

|분|
分 ···· 1-96
墳 ···· 4-142
奔 ···· 7-124
奮 ···· 7-123

憤 ···· 4-143
粉 ···· 1-98
紛 ···· 1-97

|불|
不 ···· 6-212
佛 ···· 7-103
拂 ···· 7-104
弗 ···· 7-102

|붕|
朋 ···· 1-166
崩 ···· 1-167

|비|
備 ···· 8-117
卑 ····· 5-38
妃 ···· 2-226
婢 ····· 5-39
悲 ····· 3-83
批 ···· 1-137
比 ···· 1-136
碑 ····· 5-40
祕 ···· 7-133
肥 ···· 3-168
費 ···· 7-105
非 ····· 3-82
飛 ····· 3-68
鼻 ····· 8-11
匕 ···· 1-187
沸 ···· 7-106

|빈|
貧 ····· 1-99
賓 ···· 4-176
頻 ···· 7-168

|빙|
氷 ····· 4-23
聘 ···· 8-190

|사|
事 ···· 8-130
仕 ···· 2-149
似 ···· 8-133
使 ····· 8-13
史 ···· 8-232
司 ···· 5-132
四 ···· 8-238
士 ···· 2-148
寫 ···· 8-218
寺 ····· 6-78
射 ···· 1-246
巳 ···· 6-150
師 ···· 2-249
思 ···· 6-248
捨 ···· 1-233
斜 ···· 6-112
斯 ···· 6-191
查 ····· 7-39
死 ···· 7-218
沙 ···· 3-107
社 ····· 5-91
祀 ···· 6-151

私 ···· 3-185
絲 ···· 1-194
舍 ···· 1-232
蛇 ···· 4-187
詐 ···· 6-222
詞 ···· 5-133
謝 ···· 1-247
賜 ···· 7-203
辭 ····· 8-25
邪 ····· 4-17
唆 ····· 7-83

|삭|
削 ···· 2-184
朔 ···· 7-221
索 ···· 8-216

|산|
山 ····· 1-16
散 ···· 8-182
産 ···· 4-204
算 ···· 7-101
酸 ····· 7-82

|살|
殺 ···· 8-206

|삼|
三 ···· 8-139
森 ···· 4-123
蔘 ···· 5-176

|상|
上 ···· 8-70
傷 ···· 7-31
像 ···· 3-245
償 ···· 3-22
商 ···· 8-224
喪 ···· 8-172
嘗 ···· 3-23
尚 ···· 3-18
常 ···· 3-21
床 ···· 2-109
想 ···· 2-191
桑 ···· 8-125
狀 ···· 5-59
相 ···· 2-190
祥 ···· 8-86
裳 ···· 3-20
詳 ···· 8-17
象 ···· 3-244
賞 ···· 3-19
霜 ···· 2-192

|새|
塞 ···· 7-157

|색|
塞 ···· 7-157
索 ···· 8-216
色 ···· 7-176

|생|
生 ···· 1-126

省 ···· 3-110

|서|
序 ···· 5-137
庶 ···· 6-103
徐 ···· 6-113
恕 ···· 6-239
敍 ···· 6-111
暑 ···· 5-243
書 ···· 8-110
緖 ···· 5-244
署 ···· 5-245
西 ···· 8-128
誓 ···· 3-88
逝 ···· 3-89

|석|
夕 ···· 1-229
席 ···· 6-102
惜 ···· 6-181
昔 ···· 6-180
析 ···· 1-93
石 ···· 1-144
釋 ···· 7-78

|선|
仙 ···· 1-17
先 ···· 4-218
善 ···· 8-116
宣 ···· 7-160
旋 ···· 6-227
禪 ···· 5-194

線 ···· 4-19
船 ···· 5-180
選 ···· 8-163
鮮 ···· 8-87

|설|
舌 ···· 7-222
設 ···· 8-61
說 ···· 7-206
雪 ···· 6-203

|섬|
纖 ···· 8-159

|섭|
攝 ···· 2-137
涉 ···· 7-167

|성|
城 ···· 5-52
姓 ···· 1-129
性 ···· 1-128
成 ···· 5-50
星 ···· 1-127
盛 ···· 5-53
省 ···· 3-110
聖 ···· 5-16
聲 ···· 8-52
誠 ···· 5-51

|세|
世 ···· 5-141

勢 ···· 7-240
歲 ···· 7-169
洗 ···· 4-219
稅 ···· 7-210
細 ···· 7-141
說 ···· 7-206

|소|
召 ···· 2-84
小 ···· 2-181
少 ···· 3-106
所 ···· 4-183
掃 ···· 8-55
昭 ···· 2-88
消 ···· 2-183
燒 ···· 6-88
疏 ···· 6-50
笑 ···· 8-47
素 ···· 8-170
蔬 ···· 6-51
蘇 ···· 5-163
訴 ···· 7-135
騷 ···· 8-157

|속|
俗 ···· 1-241
屬 ···· 5-230
束 ···· 2-186
粟 ···· 8-101
續 ···· 7-56
速 ···· 2-187

|손|
孫 · · · · 2-214
損 · · · · 5-191

|솔|
率 · · · · 8-235

|송|
松 · · · · 3-187
訟 · · · · 3-189
誦 · · · · 7-100
送 · · · · 8-202
頌 · · · · 3-188

|쇄|
刷 · · · · 5-185
鎖 · · · · 6-89
殺 · · · · 8-206

|쇠|
衰 · · · · 8-123

|수|
修 · · · · 7-188
受 · · · · 6-70
囚 · · · · 7-130
垂 · · · · 6-34
壽 · · · · 5-156
守 · · · · 1-203
帥 · · · · 2-248
愁 · · · · 1-249
手 · · · · 1-85

授 · · · · 6-71
搜 · · · · 8-114
收 · · · · 8-183
數 · · · · 4-186
樹 · · · · 6-116
殊 · · · · 5-121
水 · · · · 1-21
獸 · · · · 8-181
睡 · · · · 6-35
秀 · · · · 5-138
誰 · · · · 3-220
輸 · · · · 6-210
遂 · · · · 7-178
隨 · · · · 4-114
雖 · · · · 8-29
需 · · · · 7-154
須 · · · · 4-95
首 · · · · 2-31
繡 · · · · 6-129

|숙|
叔 · · · · 4-108
孰 · · · · 6-200
宿 · · · · 4-32
淑 · · · · 4-109
熟 · · · · 6-201
肅 · · · · 6-128

|순|
巡 · · · · 1-106
循 · · · · 3-75
旬 · · · · 2-76

殉 · · · · 2-77
瞬 · · · · 8-199
純 · · · · 5-100
脣 · · · · 7-14
順 · · · · 7-195
盾 · · · · 3-74

|술|
戌 · · · · 7-162
術 · · · · 6-26
述 · · · · 6-27

|숭|
崇 · · · · 7-197

|습|
濕 · · · · 8-68
拾 · · · · 3-130
習 · · · · 5-131
襲 · · · · 7-217

|승|
乘 · · · · 8-103
僧 · · · · 2-98
勝 · · · · 4-226
承 · · · · 8-225
昇 · · · · 8-204
丞 · · · · 6-204

|시|
侍 · · · · 6-79
始 · · · · 7-49

市 · · · · 7-226
施 · · · · 7-186
是 · · · · 7-32
時 · · · · 6-80
矢 · · · · 2-59
示 · · · · 1-134
視 · · · · 1-135
試 · · · · 3-165
詩 · · · · 6-81
匙 · · · · 7-33

|식|
式 · · · · 3-164
息 · · · · 8-10
植 · · · · 5-215
識 · · · · 4-194
食 · · · · 1-42
飾 · · · · 1-43

|신|
伸 · · · · 3-101
信 · · · · 2-87
愼 · · · · 5-224
新 · · · · 3-113
晨 · · · · 7-13
申 · · · · 3-100
神 · · · · 3-102
臣 · · · · 3-147
身 · · · · 1-119
辛 · · · · 3-112
辰 · · · · 7-10

|실|

失 · · · · 5-172
室 · · · · 4-73
實 · · · · 2-210

|심|

審 · · · · 3-73
尋 · · · · 8-228
心 · · · · 1-125
深 · · · · 8-26
甚 · · · · 8-228
沈 · · · · 4-140

|십|

十 · · · · 2-46

|쌍|

雙 · · · · 7-45

|씨|

氏 · · · · 6-132

|아|

亞 · · · · 6-130
兒 · · · · 1-52
我 · · · · 2-10
牙 · · · · 4-14
芽 · · · · 4-15
雅 · · · · 4-16
餓 · · · · 2-11
阿 · · · · 5-65

|악|

岳 · · · · 7-127
惡 · · · · 6-131
樂 · · · · 1-178

|안|

安 · · · · 2-34
岸 · · · · 1-75
案 · · · · 2-35
眼 · · · · 5-116
顔 · · · · 4-205
雁 · · · · 8-106

|알|

謁 · · · · 4-75

|암|

巖 · · · · 4-233
暗 · · · · 1-237

|압|

壓 · · · · 8-210
押 · · · · 3-141

|앙|

仰 · · · · 6-216
央 · · · · 2-38
殃 · · · · 2-39

|애|

哀 · · · · 2-55
愛 · · · · 2-14

涯 · · · · 4-107

|액|

厄 · · · · 7-137
額 · · · · 3-199
液 · · · · 8-145

|야|

也 · · · · 7-182
夜 · · · · 8-144
耶 · · · · 6-146
野 · · · · 5-135
揶 · · · · 6-147

|약|

弱 · · · · 4-79
約 · · · · 3-94
若 · · · · 8-66
藥 · · · · 1-179
躍 · · · · 6-241

|양|

壤 · · · · 6-74
揚 · · · · 7-25
楊 · · · · 7-26
樣 · · · · 8-96
洋 · · · · 1-45
羊 · · · · 1-44
讓 · · · · 6-75
陽 · · · · 7-24
養 · · · · 1-46

|어|

御 · · · · 8-113
於 · · · · 8-243
漁 · · · · 1-23
語 · · · · 5-162
魚 · · · · 1-22

|억|

億 · · · · 7-85
憶 · · · · 7-86
抑 · · · · 6-218

|언|

焉 · · · · 8-242
言 · · · · 1-243

|엄|

嚴 · · · · 4-232

|업|

業 · · · · 8-232

|여|

予 · · · · 5-134
余 · · · · 6-106
如 · · · · 6-238
汝 · · · · 1-51
與 · · · · 6-90
輿 · · · · 6-93
餘 · · · · 6-107

|역|
亦 ···· 7-116
域 ···· 6-136
役 ···· 8-59
易 ···· 7-202
疫 ···· 8-58
譯 ···· 7-75
逆 ···· 7-220
驛 ···· 7-74

|연|
宴 ···· 2-36
延 ···· 8-18
沿 ···· 5-178
演 ···· 6-149
然 ···· 2-102
煙 ···· 4-234
燃 ···· 2-103
燕 ···· 4-65
研 ···· 8-213
緣 ···· 8-187
軟 ···· 8-89
鉛 ···· 5-179
捐 ···· 6-157

|열|
悅 ···· 7-209
熱 ···· 7-241
閱 ···· 7-208

|염|
染 ···· 3-52
炎 ···· 7-88
鹽 ···· 8-35

|엽|
葉 ···· 6-98

|영|
影 ···· 7-73
映 ···· 2-40
榮 ···· 8-147
永 ···· 2-134
泳 ···· 2-135
營 ···· 8-146
英 ···· 2-41
詠 ···· 2-136
迎 ···· 6-217

|예|
藝 ···· 7-242
譽 ···· 6-91
豫 ···· 5-136
銳 ···· 7-207

|오|
五 ···· 5-159
傲 ···· 8-173
午 ···· 8-64
吾 ···· 5-160
嗚 ···· 1-35
娛 ···· 4-188
悟 ···· 5-161
汚 ···· 8-186

烏 ···· 1-34
誤 ···· 4-189
惡 ···· 6-131

|옥|
屋 ···· 8-50
獄 ···· 6-99
玉 ···· 1-130

|온|
溫 ···· 7-131
穩 ···· 6-115

|옹|
擁 ···· 6-38
翁 ···· 3-190
甕 ···· 6-39

|와|
瓦 ···· 6-37
臥 ···· 8-80

|완|
完 ···· 4-208
緩 ···· 6-225

|왈|
曰 ···· 8-81

|왕|
往 ···· 2-232
王 ···· 1-26

|외|
外 ···· 2-236
畏 ···· 3-40

|요|
搖 ···· 4-116
腰 ···· 2-29
要 ···· 2-28
謠 ···· 4-118
遙 ···· 4-117
樂 ···· 1-178
曜 ···· 6-242
堯 ···· 6-86
夭 ···· 8-46

|욕|
慾 ···· 3-237
欲 ···· 3-236
浴 ···· 2-185
辱 ···· 7-225

|용|
勇 ···· 7-96
容 ···· 1-117
庸 ···· 4-238
用 ···· 7-95
踊 ···· 7-97
傭 ···· 4-239

|우|
于 ···· 5-142
偶 ···· 4-180

優 2-13	源 4-21	惟 4-30	|음|
又 1-78	遠 4-83	愈 6-208	吟 6-11
友 1-79	院 4-207	有 1-84	淫 5-9
右 2-58	願 4-22	柔 2-82	陰 6-10
宇 5-143		油 5-145	音 1-236
尤 7-171	|월|	猶 3-172	飮 4-41
愚 4-181	月 1-190	由 5-144	
憂 2-12	越 8-212	維 3-241	|읍|
牛 2-241		裕 2-180	泣 7-191
羽 4-177	|위|	誘 5-140	邑 1-89
遇 4-182	位 8-109	遊 6-231	
郵 6-36	偉 4-52	遺 7-145	|응|
雨 2-78	僞 3-249	酉 3-91	凝 8-112
	危 7-136	揄 6-209	應 5-41
|운|	圍 4-56		
云 2-142	委 2-42	|육|	|의|
運 7-65	威 7-163	肉 1-67	依 1-15
雲 2-143	慰 8-200	育 8-44	儀 4-127
韻 5-190	爲 3-248		宜 7-44
	緯 4-55	|윤|	意 7-84
|웅|	胃 3-138	閏 2-206	疑 8-224
雄 8-73	衛 4-53	潤 2-207	矣 8-243
熊 7-199	謂 3-139		義 4-126
	違 4-54	|은|	衣 1-14
|원|		恩 2-120	議 4-128
元 4-206	|유|	銀 8-49	醫 8-63
原 4-20	乳 3-98	隱 6-114	
員 5-188	儒 7-155		|이|
圓 5-189	唯 7-165	|을|	二 6-28
園 4-82	幼 8-108	乙 8-239	以 8-184
怨 8-75	幽 8-84		夷 8-137
援 6-224	悠 7-190		已 8-227

| 異 · · · · 4-178
| 移 · · · · 7-181
| 而 · · · · 6-236
| 耳 · · · · 1-173
| 易 · · · · 7-202

|익|
益 · · · · 2-129
翼 · · · · 4-179

|인|
人 · · · · 1-13
仁 · · · · 6-29
印 · · · · 8-53
因 · · · · 2-118
姻 · · · · 2-119
寅 · · · · 6-148
引 · · · · 6-122
忍 · · · · 2-122
認 · · · · 2-123
湮 · · · · 4-235

|일|
一 · · · · 8-138
日 · · · · 1-68
逸 · · · · 3-213

|임|
任 · · · · 5-10
壬 · · · · 5-8
賃 · · · · 5-11

|입|
入 · · · · 7-236

|자|
刺 · · · · 8-20
姉 · · · · 7-227
姿 · · · · 6-31
子 · · · · 1-54
字 · · · · 1-55
恣 · · · · 6-32
慈 · · · · 6-173
紫 · · · · 5-153
者 · · · · 5-240
自 · · · · 8-8
資 · · · · 6-33
玆 · · · · 6-172

|작|
作 · · · · 6-220
昨 · · · · 6-221
爵 · · · · 8-229
酌 · · · · 3-92

|잔|
殘 · · · · 4-37

|잠|
暫 · · · · 3-124
潛 · · · · 6-72
蠶 · · · · 6-73

|잡|
雜 · · · · 4-237

|장|
丈 · · · · 8-233
場 · · · · 7-27
墻 · · · · 6-77
壯 · · · · 5-56
奬 · · · · 2-113
將 · · · · 2-112
帳 · · · · 1-123
張 · · · · 1-124
掌 · · · · 3-27
章 · · · · 4-248
粧 · · · · 2-193
腸 · · · · 7-28
臟 · · · · 6-47
莊 · · · · 5-57
葬 · · · · 7-219
藏 · · · · 6-46
裝 · · · · 5-58
長 · · · · 1-122
障 · · · · 4-249
狀 · · · · 5-59
薔 · · · · 6-76

|재|
再 · · · · 8-88
哉 · · · · 4-139
在 · · · · 8-177
宰 · · · · 8-82
才 · · · · 5-42
材 · · · · 5-43
栽 · · · · 4-138
災 · · · · 8-107
裁 · · · · 4-137
財 · · · · 5-44
載 · · · · 4-136

|쟁|
爭 · · · · 3-58

|저|
低 · · · · 4-42
底 · · · · 4-43
抵 · · · · 4-44
著 · · · · 5-241
貯 · · · · 2-53

|적|
寂 · · · · 4-111
摘 · · · · 4-150
敵 · · · · 4-149
滴 · · · · 4-151
的 · · · · 3-93
積 · · · · 7-60
籍 · · · · 6-182
績 · · · · 7-62
賊 · · · · 3-211
赤 · · · · 3-17
跡 · · · · 7-117
適 · · · · 4-148
笛 · · · · 5-148
蹟 · · · · 7-61

|전|

傳 · · · · 3-176
全 · · · · 7-237
典 · · · · 5-101
前 · · · · 8-227
專 · · · · 3-174
展 · · · · 8-207
戰 · · · · 5-195
殿 · · · · 8-51
田 · · · · 1-195
轉 · · · · 3-175
錢 · · · · 4-36
電 · · · · 3-104

|절|

切 · · · · 7-129
折 · · · · 3-86
竊 · · · · 8-168
節 · · · · 8-185
絶 · · · · 7-177

|점|

占 · · · · 2-238
店 · · · · 2-239
漸 · · · · 3-125
點 · · · · 2-240

|접|

接 · · · · 3-117
蝶 · · · · 6-96

|정|

丁 · · · · 2-50
井 · · · · 6-244
亭 · · · · 2-56
停 · · · · 2-57
定 · · · · 2-200
庭 · · · · 5-13
廷 · · · · 5-12
征 · · · · 2-198
情 · · · · 3-38
政 · · · · 2-197
整 · · · · 2-199
正 · · · · 2-196
淨 · · · · 3-59
程 · · · · 5-15
精 · · · · 3-39
訂 · · · · 2-51
貞 · · · · 6-140
靜 · · · · 3-60
頂 · · · · 2-52
呈 · · · · 5-14
偵 · · · · 6-141

|제|

制 · · · · 5-92
堤 · · · · 7-34
帝 · · · · 8-178
弟 · · · · 6-142
提 · · · · 7-35
濟 · · · · 5-249
祭 · · · · 3-14
第 · · · · 6-143
製 · · · · 5-93
諸 · · · · 5-242
除 · · · · 6-109
際 · · · · 3-15
題 · · · · 7-36
齊 · · · · 5-248

|조|

兆 · · · · 2-124
助 · · · · 7-42
弔 · · · · 8-93
操 · · · · 1-199
早 · · · · 2-168
朝 · · · · 6-160
條 · · · · 7-189
潮 · · · · 6-161
照 · · · · 2-89
燥 · · · · 1-198
祖 · · · · 7-41
租 · · · · 7-43
組 · · · · 7-40
調 · · · · 5-80
造 · · · · 3-146
鳥 · · · · 1-32

|족|

族 · · · · 6-223
足 · · · · 2-104

|존|

存 · · · · 8-176
尊 · · · · 3-170

|졸|

卒 · · · · 7-248
拙 · · · · 5-208

|종|

宗 · · · · 7-196
從 · · · · 3-80
種 · · · · 3-233
終 · · · · 5-165
縱 · · · · 3-81
鐘 · · · · 5-151

|좌|

佐 · · · · 3-243
坐 · · · · 1-108
左 · · · · 3-242
座 · · · · 1-109

|죄|

罪 · · · · 5-247

|주|

主 · · · · 2-228
住 · · · · 2-231
周 · · · · 5-78
奏 · · · · 8-195
宙 · · · · 5-147
州 · · · · 2-44
晝 · · · · 2-165
朱 · · · · 5-118
柱 · · · · 2-230
株 · · · · 5-120

注 ····· 2-229
洲 ····· 2-45
珠 ····· 5-119
舟 ····· 3-62
走 ····· 2-83
酒 ····· 5-158
鑄 ····· 5-157
週 ····· 5-79
廚 ····· 6-117

|죽|
竹 ····· 1-48

|준|
俊 ····· 7-80
準 ····· 4-242
遵 ····· 3-171
竣 ····· 7-81

|중|
中 ····· 2-106
仲 ····· 2-107
衆 ····· 7-149
重 ····· 3-232

|즉|
卽 ····· 2-21
則 ····· 1-180

|증|
增 ····· 2-96
憎 ····· 2-95

曾 ····· 2-94
症 ····· 2-201
蒸 ····· 6-205
證 ····· 6-24
贈 ····· 2-97

|지|
之 ····· 8-121
只 ····· 8-235
地 ····· 7-183
志 ····· 2-152
持 ····· 6-82
指 ····· 2-91
支 ····· 1-86
智 ····· 4-29
枝 ····· 1-87
止 ····· 1-114
池 ····· 7-184
知 ····· 4-28
紙 ····· 6-133
至 ····· 2-72
誌 ····· 2-153
遲 ····· 8-164
識 ····· 4-194
旨 ····· 2-90

|직|
直 ····· 5-214
織 ····· 4-192
職 ····· 4-193

|진|
振 ····· 7-12
珍 ····· 6-63
盡 ····· 3-179
眞 ····· 5-222
辰 ····· 7-10
進 ····· 5-49
鎭 ····· 5-223
陣 ····· 4-27
陳 ····· 4-26
震 ····· 7-11
診 ····· 6-62

|질|
姪 ····· 2-73
疾 ····· 2-202
秩 ····· 5-173
質 ····· 5-77

|집|
執 ····· 6-202
集 ····· 4-236

|징|
徵 ····· 6-174
懲 ····· 6-175

|차|
且 ····· 7-38
借 ····· 6-184
差 ····· 6-65
次 ····· 6-30

此 ····· 5-152
車 ····· 1-100
茶 ····· 8-179

|착|
捉 ····· 3-169
着 ····· 6-64
錯 ····· 6-183

|찬|
讚 ····· 4-221
贊 ····· 4-220

|찰|
察 ····· 3-16

|참|
參 ····· 5-174
慘 ····· 5-175
慙 ····· 3-123
斬 ····· 3-122

|창|
倉 ····· 1-216
創 ····· 1-217
唱 ····· 1-169
昌 ····· 1-168
暢 ····· 7-30
窓 ····· 8-198
蒼 ····· 1-218

| 채 |

債 · · · · 7-59
彩 · · · · 3-56
採 · · · · 3-54
菜 · · · · 3-55

| 책 |

册 · · · · 2-141
策 · · · · 8-21
責 · · · · 7-58

| 처 |

妻 · · · · 5-81
處 · · · · 7-245

| 척 |

尺 · · · · 8-233
戚 · · · · 8-174
拓 · · · · 2-175
斥 · · · · 7-134

| 천 |

千 · · · · 8-226
天 · · · · 2-121
川 · · · · 2-43
泉 · · · · 4-18
淺 · · · · 4-40
薦 · · · · 8-100
賤 · · · · 4-38
踐 · · · · 4-39
遷 · · · · 8-188

| 철 |

哲 · · · · 3-87
徹 · · · · 6-121
鐵 · · · · 8-221
撤 · · · · 6-120

| 첨 |

尖 · · · · 6-235
添 · · · · 8-196

| 첩 |

妾 · · · · 3-116
諜 · · · · 6-97

| 청 |

廳 · · · · 5-219
晴 · · · · 3-35
淸 · · · · 3-36
聽 · · · · 5-218
請 · · · · 3-37
靑 · · · · 3-34

| 체 |

替 · · · · 3-78
滯 · · · · 7-139
逮 · · · · 8-38
遞 · · · · 7-111
體 · · · · 7-213
切 · · · · 7-129

| 초 |

初 · · · · 2-30
抄 · · · · 3-108
招 · · · · 2-85
礎 · · · · 5-235
秒 · · · · 3-109
肖 · · · · 2-182
草 · · · · 2-169
超 · · · · 2-86
楚 · · · · 5-234

| 촉 |

促 · · · · 2-105
燭 · · · · 5-227
觸 · · · · 5-228
蜀 · · · · 5-226

| 촌 |

寸 · · · · 1-82
村 · · · · 1-83

| 총 |

總 · · · · 4-158
聰 · · · · 4-159
銃 · · · · 5-203

| 최 |

催 · · · · 6-41
最 · · · · 2-132
崔 · · · · 6-40

| 추 |

抽 · · · · 5-146
推 · · · · 3-218
秋 · · · · 1-248
追 · · · · 2-247
醜 · · · · 4-99

| 축 |

丑 · · · · 8-241
畜 · · · · 5-154
祝 · · · · 2-140
築 · · · · 1-49
縮 · · · · 4-33
蓄 · · · · 5-155
逐 · · · · 6-25
蹴 · · · · 7-173

| 춘 |

春 · · · · 8-211

| 출 |

出 · · · · 5-206

| 충 |

充 · · · · 5-202
忠 · · · · 2-108
蟲 · · · · 7-51
衝 · · · · 3-234

| 취 |

取 · · · · 2-130
吹 · · · · 8-111
就 · · · · 7-172
臭 · · · · 8-9
趣 · · · · 2-131

醉 ···· 7-249

|측|
側 ···· 1-181
測 ···· 1-182

|층|
層 ···· 2-99

|치|
値 ···· 5-217
恥 ···· 2-145
治 ···· 7-50
置 ···· 5-216
致 ···· 8-105
齒 ···· 1-116
稚 ···· 3-219

|칙|
則 ···· 1-180

|친|
親 ···· 3-114

|칠|
七 ···· 7-128
漆 ···· 8-85

|침|
侵 ···· 4-66
寢 ···· 4-68
枕 ···· 4-141

沈 ···· 4-140
浸 ···· 4-67
針 ···· 8-92

|칭|
稱 ···· 8-135

|쾌|
快 ···· 2-71

|타|
他 ···· 7-185
墮 ···· 4-112
妥 ···· 7-52
打 ···· 2-54
惰 ···· 4-113

|탁|
卓 ···· 8-231
托 ···· 4-78
濁 ···· 5-231
濯 ···· 6-240
拓 ···· 2-175
託 ···· 4-77

|탄|
彈 ···· 5-193
歎 ···· 4-202
炭 ···· 5-45
誕 ···· 8-19

|탈|
奪 ···· 7-122
脫 ···· 7-205

|탐|
探 ···· 8-27
貪 ···· 6-13

|탑|
塔 ···· 3-128

|탕|
湯 ···· 7-29
糖 ···· 6-127

|태|
太 ···· 8-136
怠 ···· 7-48
態 ···· 7-200
殆 ···· 7-47
泰 ···· 8-194
胎 ···· 7-46
兌 ···· 7-204

|택|
宅 ···· 4-76
擇 ···· 7-77
澤 ···· 7-76

|토|
吐 ···· 1-11
土 ···· 1-10

討 ···· 8-83
兎 ···· 3-212

|통|
痛 ···· 7-99
統 ···· 5-204
通 ···· 7-98
洞 ···· 5-47

|퇴|
退 ···· 8-48

|투|
投 ···· 8-62
透 ···· 5-139
鬪 ···· 6-20

|특|
特 ···· 6-84

|파|
把 ···· 3-167
播 ···· 3-72
波 ···· 1-163
派 ···· 8-14
破 ···· 1-162
罷 ···· 7-201
頗 ···· 1-164
巴 ···· 3-166

|판|
判 ···· 1-225

板	1-214
版	1-215
販	1-213

|팔|
| 八 | 1-95 |

|패|
| 敗 | 1-31 |
| 貝 | 1-30 |

|팽|
| 烹 | 6-195 |

|편|
便	5-198
偏	4-213
片	1-209
篇	4-210
編	4-211
遍	4-212

|평|
| 平 | 2-194 |
| 評 | 2-195 |

|폐|
幣	2-115
廢	7-175
弊	2-114
肺	7-228
蔽	2-116

| 閉 | 6-68 |

|포|
包	1-146
布	2-203
抱	1-148
捕	7-109
浦	7-110
胞	1-149
飽	1-150
暴	4-174
砲	1-147

|폭|
幅	3-181
暴	4-174
爆	4-175

|표|
標	4-98
漂	4-97
票	4-96
表	8-171

|품|
| 品 | 1-12 |

|풍|
豊	7-212
風	5-122
楓	5-123

|피|
彼	1-161
疲	1-159
皮	1-158
被	1-160
避	6-234

|필|
匹	8-229
必	7-132
畢	8-236
筆	2-211

|하|
下	8-71
何	5-62
夏	8-90
河	5-64
荷	5-63
賀	3-240

|학|
| 學 | 4-84 |
| 鶴 | 3-228 |

|한|
寒	7-156
恨	5-115
旱	1-74
汗	1-73
漢	4-200
閑	1-242

限	5-114
韓	6-166
翰	6-165

|할|
| 割 | 8-155 |

|함|
含	6-12
咸	5-70
陷	7-233

|합|
| 合 | 3-126 |

|항|
巷	4-172
恒	7-161
抗	4-47
港	4-173
航	4-46
項	4-195
降	8-161
行	3-230

|해|
亥	5-210
奚	7-92
害	8-154
海	3-208
解	5-239
該	5-211

|핵|
核 ····· 5-212

|행|
幸 ····· 6-123
行 ····· 3-230

|향|
享 ····· 6-196
向 ····· 8-122
鄕 ····· 2-22
響 ····· 2-23
香 ····· 8-120

|허|
虛 ····· 3-142
許 ····· 8-65

|헌|
憲 ····· 8-156
獻 ····· 8-79
軒 ····· 8-132

|험|
險 ····· 4-63
驗 ····· 4-64

|혁|
革 ····· 2-189

|현|
懸 ····· 3-137
玄 ····· 5-86
現 ····· 1-133
絃 ····· 5-87
縣 ····· 3-136
賢 ····· 4-87
顯 ····· 8-69
見 ····· 1-132

|혈|
穴 ····· 1-118
血 ····· 7-148

|혐|
嫌 ····· 2-161

|협|
協 ····· 2-48
脅 ····· 2-49

|형|
亨 ····· 6-194
兄 ····· 2-138
刑 ····· 4-34
形 ····· 4-35
螢 ····· 8-148
衡 ····· 3-231

|혜|
兮 ····· 8-244
惠 ····· 3-178
慧 ····· 6-177
彗 ····· 6-176

|호|
乎 ····· 5-54
互 ····· 8-119
呼 ····· 5-55
好 ····· 1-56
戶 ····· 3-41
毫 ····· 5-201
浩 ····· 3-145
湖 ····· 5-37
胡 ····· 5-36
虎 ····· 1-18
號 ····· 1-19
護 ····· 6-230
豪 ····· 5-200

|혹|
惑 ····· 6-135
或 ····· 6-134

|혼|
昏 ····· 5-94
婚 ····· 5-95
混 ····· 6-43
魂 ····· 2-144

|홀|
忽 ····· 2-244

|홍|
弘 ····· 4-209
洪 ····· 4-171
紅 ····· 3-160
鴻 ····· 3-161

|화|
化 ····· 1-140
和 ····· 1-39
火 ····· 1-80
畫 ····· 7-120
禍 ····· 4-81
禾 ····· 1-38
花 ····· 1-142
華 ····· 7-57
話 ····· 7-224
貨 ····· 1-141

|확|
擴 ····· 2-174
確 ····· 3-229
穫 ····· 6-229

|환|
丸 ····· 6-199
患 ····· 8-78
換 ····· 6-118
歡 ····· 3-225
環 ····· 4-156
還 ····· 4-157
喚 ····· 6-119

|활|
活 ····· 7-223

|황|
況 ····2-139
皇 ····1-28
荒 ····8-222
黃 ····2-170

|회|
回 ····1-20
悔 ····3-210
懷 ····4-191
會 ····3-191
灰 ····1-81

|획|
劃 ····7-121
獲 ····6-228

|횡|
橫 ····2-171

|효|
孝 ····6-178
效 ····1-208
曉 ····6-87

|후|
侯 ····6-44
候 ····6-45
厚 ····8-175
後 ····7-244

|훈|
訓 ····6-211

|훼|
毀 ····7-232

|휘|
揮 ····7-66
輝 ····7-67

|휴|
休 ····1-76
携 ····8-167

|흉|
凶 ····1-176
胸 ····1-177

|흑|
黑 ····2-237

|흡|
吸 ····5-76

|흥|
興 ····6-94

|희|
喜 ····8-43
希 ····2-204
戲 ····3-143
稀 ····2-205

273

· 부수 찾아보기 ·

부수는 옥편에서 한자를 찾기 위한 길라잡이 역할을 합니다. 또한 한자에서 뜻을 나타내는 부분은 대개 부수에 해당됩니다
우리가 잘 알고 있는 '물 수(水)', '흙 토(土)' 등이 이러한 부수에 해당됩니다.
그러나 아무런 뜻 없이 한자 형태의 일부로만 쓰이는 부수도 있습니다. 예를 들어 '돼지 해(亥)'자의 머리 부분에 있는 부수 ㅗ 는 '돼지 해머리'로 부르나 아무 뜻도 지니지 않습니다.
한자 책들마다 부수 명칭이 조금씩 다르므로 이 책에서는 전국한자교육추진총연합회에서 제시한 부수 명칭을 인용하였습니다.

※ 찾아보기에서 부수 한자 옆의 숫자는 해당 한자가 수록된 권과 페이지 표시입니다. 이 책들에 실리지 않은 부수는 표시하지 않았습니다.

· 1획 ·

一 한 일 ····· 8-138
丨 위아래 통할 곤
丶 심지 주
丿 좌로 삐칠 별
乙 새 을 ····· 8-239
亅 갈고리 궐

· 2획 ·

二 두 이 ····· 6-28
亠 돼지해머리 두
人 사람 인 ····· 1-13
儿 밑 사람 인 ····· 4-243
入 들 입 ····· 7-236
八 여덟 팔 ····· 1-95
冂 멀 경
冖 덮을 멱 ····· 6-69
冫 얼음 빙 ····· 4-23
几 안석 궤 ····· 7-234
凵 입 벌릴 감
刀 칼 도 ····· 1-66
力 힘 력 ····· 2-47
勹 쌀 포 ····· 1-145
匕 비수 비 ····· 1-187
匚 상자 방 ····· 1-111
匸 감출 혜 ····· 1-111
十 열 십 ····· 2-46
卜 점 복 ····· 2-234
卩 병부 절
厂 언덕 엄 ····· 1-69
厶 옛 사사로울 사 ····· 3-184
又 또 우 ····· 1-78

· 3획 ·

口 입 구 ····· 1-9
囗 에울 위 ····· 2-117
土 흙 토 ····· 1-10
士 선비 사 ····· 2-148
夂 뒤져올 치 ····· 7-243
夊 천천히 걸을 쇠 ····· 7-243
夕 저녁 석 ····· 1-229
大 큰 대 ····· 2-110
女 계집 녀 ····· 1-50
子 아들 자 ····· 1-54
宀 집 면 ····· 1-53
寸 마디 촌 ····· 1-82
小 작을 소 ····· 2-181
尢 절름발이 왕 ····· 7-170
尸 주검 시 ····· 3-119
屮 왼손 좌
山 뫼 산 ····· 1-16
川, 巛 내 천 ····· 2-43
工 장인 공 ····· 3-154
己 몸 기 ····· 2-220
巾 수건 건 ····· 1-41
干 방패 간 ····· 1-70
幺 작을 요 ····· 3-131
广 바윗집 엄 ····· 1-107
廴 길게 걸을 인 ····· 2-154
廾 받들 공 ····· 2-15
弋 주살 익 ····· 3-163
弓 활 궁 ····· 1-120
彐 돼지머리 계
彡 무늬 삼 ····· 3-57
彳 조금 걸을 척 ····· 1-105

· 4획 ·

心 마음 심 ····· 1-125
戈 창 과 ····· 2-8
戶 지게 호 ····· 3-41
手 손 수 ····· 1-85
支 지탱할 지 ····· 1-86
攵(攴) 칠 복 ····· 1-29
文 글월 문 ····· 5-236
斗 말 두 ····· 1-37

斤 날 근 …… 1-58

方 모 방 …… 3-42

无 없을 무

日 날 일 …… 1-68

曰 가로 왈 …… 8-81

月 달 월 …… 1-190

木 나무 목 …… 1-47

欠 하품 흠 …… 3-223

止 그칠 지 …… 1-114

歹 살 발린 뼈 알 …… 2-37

殳 창 수 …… 3-63

毋 말 무

比 견줄 비 …… 1-136

毛 터럭 모 …… 3-120

氏 각시 씨 …… 6-132

气 기운 기 …… 1-63

水 물 수 …… 1-21

火 불 화 …… 1-80

爫 손톱 조 …… 3-53

父 아비 부 …… 1-24

爻 점괘 효

爿 장수 장 …… 2-111

片 조각 편 …… 1-209

牙 어금니 아 …… 4-14

牛 소 우 …… 2-241

犬 개 견 …… 1-25

辶 쉬엄쉬엄 갈 착 …… 1-57

· 5획 ·

玄 검을 현 …… 5-86

玉 구슬 옥 …… 1-130

瓜 오이 과 …… 2-92

瓦 기와 와 …… 6-37

甘 달 감 …… 2-215

生 날 생 …… 1-126

用 쓸 용 …… 7-95

田 밭 전 …… 1-195

疋 필 필 …… 5-233

疒 병 질 …… 1-157

癶 걸음 발

白 흰 백 …… 3-28

皮 가죽 피 …… 1-158

皿 그릇 명 …… 1-191

目 눈 목 …… 1-131

矛 창 모 …… 2-79

矢 화살 시 …… 2-59

石 돌 석 …… 1-144

示 보일 시 …… 1-134

禸 짐승 발자국 유

禾 벼 화 …… 1-38

穴 구멍 혈 …… 1-118

立 설 립 …… 7-79

· 6획 ·

竹 대 죽 …… 1-48

米 쌀 미 …… 1-60

糸 실 사 …… 1-94

缶 장군 부 …… 2-67

网 그물 망 …… 5-25

羊 양 양 …… 1-44

羽 깃 우 …… 4-177

老 늙을 로 …… 6-167

而 말 이을 이 …… 6-236

耒 쟁기 뢰 6-179

耳 귀 이 …… 1-173

聿 붓 율 …… 2-155

肉 고기 육 …… 1-67

臣 신하 신 …… 3-147

自 스스로 자 …… 8-8

至 이를 지 …… 2-72

臼 절구 구 …… 7-229

舌 혀 설 …… 7-222

舛 어그러질 천 …… 4-11

舟 배 주 …… 3-62

277

艮 머무를 간 ····· 5-112
色 빛 색 ····· 7-176
艸 풀 초 ····· 1-143
虍 호랑이무늬 호
虫 벌레 충 ····· 4-129
血 피 혈 ····· 7-148
行 다닐 행 ····· 3-230
衣 옷 의 ····· 1-14
襾 덮을 아 ····· 4-89

· 7획 ·

見 볼 견 ····· 1-132
角 뿔 각 ····· 5-225
言 말씀 언 ····· 1-243
谷 골 곡 ····· 1-240
豆 콩 두 ····· 6-18
豕 돼지 시 ····· 5-199
豸 맹수 치 ····· 5-111
貝 조개 패 ····· 1-30
赤 붉을 적 ····· 3-17
走 달아날 주 ····· 2-83
足 발 족 ····· 2-104
身 몸 신 ····· 1-119
車 수레 거 ····· 1-100
辛 매울 신 ····· 3-112

辰 별 진 ····· 7-10
邑 고을 읍 ····· 1-89
酉 닭 유 ····· 3-91
釆 분별할 변 ····· 3-69
里 마을 리 ····· 5-108

· 8획 ·

金 쇠 금 ····· 1-228
長 긴 장 ····· 1-122
門 문 문 ····· 1-170
阜 언덕 부 ····· 2-246
隶 미칠 이 ····· 8-37
隹 새 추 ····· 3-217
雨 비 우 ····· 2-78
靑 푸를 청 ····· 3-34
非 아닐 비 ····· 3-82

· 9획 ·

面 얼굴 면 ····· 4-69
革 가죽 혁 ····· 2-189
韋 다룸가죽 위
韭 부추 구 ····· 8-158
音 소리 음 ····· 1-236
頁 머리 혈 ····· 1-165
風 바람 풍 ····· 5-122

飛 날 비 ····· 3-68
食 밥 식 ····· 1-42
首 머리 수 ····· 2-31
香 향기 향 ····· 8-120

· 10획 ·

馬 말 마 ····· 1-110
骨 뼈 골 ····· 7-211
高 높을 고 ····· 1-152
髟 머리털 날릴 표 ····· 4-49
鬥 싸울 투 ····· 6-21
鬯 술 창
鬲 솥 력 ····· 6-206
鬼 귀신 귀 ····· 1-154

· 11획 ·

魚 물고기 어 ····· 1-22
鳥 새 조 ····· 1-32
鹵 소금밭 로 ····· 8-34
鹿 사슴 록 ····· 6-246
麥 보리 맥 ····· 8-234
麻 삼 마 ····· 1-234

· 12획 ·

黃 누를 황 ····· 2-170

黍 기장 서
黑 검은 흙 ····· 2-237
黹 바느질할 치

· 13획 ·

黽 맹꽁이 맹
鼎 솥 정
鼓 북 고 ····· 8-42
鼠 쥐 서

· 14획 ·

鼻 코 비 ····· 8-11
齊 가지런할 제 ····· 5-248

· 15획 ·

齒 이 치 ····· 1-116

· 16획 ·

龍 용 용 ····· 7-216
龜 거북 귀 ····· 3-135

· 17획 ·

龠 피리 약

날로먹는
漢字 ①

초판 1쇄 발행 | 2010년 9월 1일

지은이 | 원종호
그린이 | 김복태
발행인 | 김태진 승영란
디자인 | 디자인붐
마케팅 | 함송이
경영관리 | 이나영
펴낸 곳 | 에디터
주소 | 서울특별시 마포구 공덕동 105-219 정화빌딩 3층
문의 | 02-753-2700, 2778 FAX 02-753-2779
등록 | 1991년 6월 18일 제313-1991-74호

값은 뒤표지에 있습니다
ISBN 978-89-92037-57-0 14700
      978-89-92037-65-5 (전8권)

ⓒ 원종호, 2010

이 책은 에디터와 저작권자와의 계약에 따라 발행한 것이므로
본사의 서면 허락 없이는 어떠한 형태나 수단으로도 이 책의 내용을 이용하지 못합니다.

※잘못된 책은 구입하신 곳에서 바꾸어 드립니다.